アジア日系企業と労働格差

宮本謙介［著］

北海道大学出版会

目　　次

序　論 …………………………………………………………………………1

第1章　中国・広東省の日系企業と労働市場
　　　　――東莞市の事例分析―― ……………………………………9

　　はじめに　10
　　Ⅰ　香港＝広東省の開発と労働力編成　10
　　　1　広東型委託加工の現実　10
　　　2　広東省の労働力人口　16
　　Ⅱ　東莞市の貿易・投資と労働力構成　18
　　Ⅲ　日系企業の事例分析　19
　　　1　調査企業2社の概要　19
　　　2　内部労働市場（需要構造）　20
　　　3　労働力の供給源と流動性（供給構造）　25
　　　4　日本的経営・生産システム　31
　　おわりに　33

第2章　中国・上海市の日系企業と労働市場
　　　　――浦東新区の事例分析―― ……………………………………37

　　はじめに　38
　　Ⅰ　浦東新区の開発と労働力編成　39
　　Ⅱ　日系企業SA社の事例分析　43
　　　1　調査企業の概要　43
　　　2　労働力の需要構造　44
　　　3　労働力の供給構造　46
　　　4　日本的経営・生産システム　50
　　おわりに　52

第3章　インドの日系企業と労働市場
　　　　――デリー首都圏の事例分析―― ………………………………55

　　はじめに　56
　　Ⅰ　インドの労働市場と日系企業　57

1　経済自由化と開発戦略の転換　57
　　2　直接投資動向　59
　　3　マクロデータにみる労働力構成　60
　　4　日系企業の進出状況　62
　II　デリー首都圏の調査事例　63
　　1　調査企業3社の概要　63
　　2　企業内労働力編成　64
　　3　企業内賃金格差　68
　　4　カーストと職位構成　69
　　5　日本的経営・生産システム　71
　　6　労働者の出身階層　72
　　7　労働者の出身地　74
　　8　職情報源　75
　　9　労働力の流動性　76
　　10　労働者の前職および前職勤務地　77
　おわりに　78

第4章　タイの日系企業と労働市場
　　——バンコク首都圏の事例分析——　83

　はじめに　84
　I　タイ労働市場の基本的特徴　85
　　1　直接投資と日系企業　85
　　2　タイ労働市場の基本的特徴　87
　II　バンコク首都圏の日系企業労働市場　92
　　1　調査企業の概要　92
　　2　労働力の需要構造　93
　　3　労働力の供給構造　97
　　4　日本的経営・生産システム　103
　おわりに　107

第5章　マレーシアの日系企業と労働市場
　　——クアラルンプル首都圏の事例分析——　109

　はじめに　110

Ⅰ　現代マレーシアの労働力構成と直接投資　111
　　1　労働力構成　111
　　2　外国直接投資と日系企業　115
　Ⅱ　首都圏日系企業の労働市場　117
　　1　調査企業の概要　117
　　2　内部労働市場　118
　　3　賃金と人事考課　122
　　4　労働力の給源と流動性　123
　　5　日本的経営・生産システムへの評価　126
　おわりに　128

第6章　インドネシアの日系企業と労働市場
　　——ジャカルタ首都圏の都市雑業との比較分析—— ………………… 131

　はじめに　132
　Ⅰ　ジャカルタ首都圏の労働力構成　133
　Ⅱ　首都圏日系企業の労働格差　135
　　1　直接投資と日系企業　135
　　2　首都圏日系企業の事例分析　138
　　　(1)　労働力需要と格差構造　138
　　　(2)　労働力供給と格差構造　144
　　　(3)　日本的経営・生産システムと労働格差　147
　Ⅲ　首都圏都市雑業の不安定就業　149
　　1　基本属性　150
　　2　職種別収入分布と就労年数・労働時間　153
　　3　出身世帯構成　157
　　4　入職と就労慣行　158
　おわりに　161

終　章　アジア日系企業と労働格差 ……………………………… 163

　はじめに　164
　Ⅰ　労働市場の国際比較　165
　Ⅱ　日本的経営・生産システムの「適応」問題　168

III アジア労働格差の諸相 171
- 1 中　　国　171
- 2 イ ン ド　172
- 3 タ　　イ　173
- 4 マレーシア　174
- 5 インドネシア　175

おわりに　175

参考文献　177
索　引　181

図表目次

序論
 表 0-1 アジア各国の産業別就業者数 4
 表 0-2 日系企業の地域別現地法人・労働者数 6
 表 0-3 アジア各国,日系企業の労働者数 6

第1章 中国・広東省の日系企業と労働市場
 図 1-1 中国および広東省略図 11
 表 1-1 輸出額でみた委託加工および直接投資企業の構成(広東省) 14
 表 1-2 広東省の市別輸出額構成(2002年) 14
 表 1-3 広東省の外資利用状況 15
 表 1-4 広東省の外国資本(契約ベース) 15
 表 1-5 東莞市の「暫住人口」とその労働力構成 17
 表 1-6 広東省東莞市,日系企業2社の職位構成 20
 表 1-7 広東省東莞市の日系企業2社,労働者の学歴別構成 22
 表 1-8 広東省東莞市の日系企業GA社,労働者(ワーカー)の年齢別構成(2004年1月) 22
 表 1-9 広東省東莞市の日系企業GA社,労働者(ワーカー)の勤続年数別構成(2004年2月) 23
 表 1-10 広東省東莞市の日系企業2社,労働者の職位別賃金(2005年3月現在) 24
 表 1-11 広東省東莞市の日系企業2社,労働者の仕送り額(月額平均,サンプル調査) 25
 表 1-12 広東省東莞市の日系企業3社,労働者の出身地構成 26
 表 1-13 広東省東莞市の日系企業2社,労働者の出身世帯構成(サンプル調査) 28
 表 1-14 広東省東莞市の日系企業2社,労働者の転職状況(サンプル調査) 29
 表 1-15 広東省東莞市の日系企業2社,転職経験者の前職(サンプル調査) 29
 表 1-16 広東省東莞市の日系企業2社,労働者の求人情報源(サンプル調査) 30
 表 1-17 広東省東莞市の日系企業2社,日系企業の優位性に関する労働者の意識調査(サンプル調査,複数回答) 32

第2章 中国・上海市の日系企業と労働市場
 図 2-1 上海市および浦東新区 40
 表 2-1 上海市および浦東新区,主要日系企業の業種別構成(2004年) 41
 表 2-2 浦東新区の企業形態別就業者構成 42
 表 2-3 浦東新区,工業部門の構成(2002年) 42
 表 2-4 上海SA社,労働者の職位構成 44
 表 2-5 上海SA社,労働者の学歴別構成 45
 表 2-6 上海SA社,労働者の出身世帯構成(サンプル調査) 47
 表 2-7 上海SA社,労働者の転職状況(サンプル調査) 48
 表 2-8 上海SA社,転職経験者の前職(サンプル調査) 49
 表 2-9 上海SA社,入職時の求職情報源(サンプル調査) 50

第3章 インドの日系企業と労働市場
 図 3-1 インド全図およびデリー首都圏 57

表 3-1　産業別労働力(被雇用者)人口　　61
表 3-2　インド日系企業の地域別・業種別一覧(2003 年 8 月)　　62
表 3-3　インド日系企業 3 社の職位構成　　65
表 3-4　インド日系企業 IA 社の職位構成と人員配置(2003 年 3 月)　　65
表 3-5　インド日系企業 3 社の学歴別労働者構成　　66
表 3-6　インド日系企業 IA 社の職位別平均賃金　　68
表 3-7　インド日系企業 IA 社の出身カースト別労働者構成　　69
表 3-8　インド日系企業 2 社,労働者の出身世帯職業構成(サンプル調査)　　73
表 3-9　インド日系企業 2 社,労働者の求人情報源(サンプル調査)　　75
表 3-10　インド日系企業 2 社,労働者の転職状況(サンプル調査)　　76

第 4 章　タイの日系企業と労働市場

図 4-1　タイ,バンコク略図　　85
表 4-1　日系企業の業種別進出状況(2004 年末)　　86
表 4-2　タイの産業別就業者構成と国際比較　　88
表 4-3　タイの職種別就業者構成と国際比較　　89
表 4-4　タイの学歴別就業者構成と国際比較　　90
表 4-5　タイの事業所規模別構成(労働者数による分類,2002 年)　　91
表 4-6　バンコク首都圏,日系企業 3 社の職位構成　　94
表 4-7　バンコク首都圏,日系企業 2 社の学歴別労働者構成　　96
表 4-8　バンコク首都圏,日系企業 2 社の職位別平均賃金(月額)　　97
表 4-9　バンコク首都圏の日系企業 3 社,労働者の出身世帯職業構成(サンプル調査)　　98
表 4-10　バンコク首都圏の日系企業 3 社,入職時の求人情報源(サンプル調査)　　100
表 4-11　バンコク首都圏の日系企業 3 社,労働者の転職回数(サンプル調査)　　102
表 4-12　バンコク首都圏の日系企業 3 社,転職経験者の前職(サンプル調査)　　102
表 4-13　バンコク首都圏の日系企業 3 社,日系企業の優位性に関する労働者意識調査(サンプル調査,複数回答)　　104

第 5 章　マレーシアの日系企業と労働市場

図 5-1　西マレーシア,クアラルンプル首都圏　　111
表 5-1　産業別労働力(就業者)人口の推移　　112
表 5-2　民族別にみた産業別労働力(就業者)人口(2003 年)　　113
表 5-3　外国人労働者(合法就労)の出身国別構成　　113
表 5-4　外国人労働者の産業別構成比　　114
表 5-5　民族別にみた労働力の学歴構成比(2003 年)　　115
表 5-6　日系企業数の推移　　116
表 5-7　日系企業の地域別進出状況　　116
表 5-8　クアラルンプル首都圏,日系企業 2 社の職位構成の推移　　118
表 5-9　クアラルンプル首都圏,日系企業 2 社のマレーシア人の民族別職位構成　　120
表 5-10　クアラルンプル首都圏の日系企業 2 社,労働者の学歴別構成(マレーシア人のみ)　　122
表 5-11　クアラルンプル首都圏,日系企業 2 社の職位別平均賃金(月額)　　123
表 5-12　クアラルンプル首都圏の日系企業 2 社,労働者の出身世帯職業構成(サンプル調査)　　124
表 5-13　クアラルンプル首都圏の日系企業 2 社,入職時の求人情報源(サンプル調査)　　125
表 5-14　クアラルンプル首都圏の日系企業 2 社,労働者の転職回数(サンプル調査)　　125
表 5-15　クアラルンプル首都圏の日系企業 2 社,転職経験者の前職(サンプル調査)　　126

表 5-16　クアラルンプル首都圏の日系企業 2 社，日系企業の優位性に関する労働者意識調査(サンプル調査，複数回答)　128

第 6 章　インドネシアの日系企業と労働市場

図 6-1　ジャカルタ首都圏　132
表 6-1　ジャカルタ首都圏の労働力人口(2000 年)　133
表 6-2　労働力の業種別構成(2000 年)　134
表 6-3　労働力人口の学歴別構成比の推移　135
図 6-2　外国投資の認可額推移　136
表 6-4　日系企業現地法人の業種別・所在地別分布(2005 年)　137
表 6-5　ジャカルタ首都圏，日系企業 3 社の職位構成　139
表 6-6　ジャカルタ首都圏，日系企業 3 社の学歴別労働者構成　141
表 6-7　ジャカルタ首都圏，日系企業 3 社の職位別平均賃金(月額)　142
表 6-8　ジャカルタ首都圏の日系企業 3 社，労働者の出身世帯職業構成(サンプル調査)　144
表 6-9　ジャカルタ首都圏の日系企業 3 社，労働者の転職回数(サンプル調査)　145
表 6-10　ジャカルタ首都圏の日系企業 3 社，転職経験者の前職(サンプル調査)　146
表 6-11　ジャカルタ首都圏の日系企業 3 社，入職時の求人情報源(サンプル調査)　147
表 6-12　ジャカルタ首都圏の日系企業 3 社，日系企業の優位性に関する労働者意識調査(サンプル調査，複数回答)　148
表 6-13　都市雑業層の職種別基本属性の集計　151
表 6-14　都市雑業者の職種別収入構成(月額，ルピア)　154
表 6-15　都市雑業，収入と就労年数の職種別集計　155
表 6-16　都市雑業者の出身世帯職業構成　157
表 6-17　都市雑業者，出身農家の土地所有規模別構成(ジャワ)　158
表 6-18　都市雑業者，商売道具の入手方法　159

終　章　アジア日系企業と労働格差

表 7-1　調査企業の職位構成　165
表 7-2　調査企業，労働者の学歴構成　166
表 7-3　調査企業，労働者の職位別平均賃金(月額，調査時のレートで円換算)　167
表 7-4　調査企業，労働者の出身世帯職業構成(サンプル調査)　167
表 7-5　調査企業，労働者の転職状況(サンプル調査)　168
表 7-6　日系企業の優位性に関する労働者の意識調査(全回答者[複数回答可]に占める選択率)　169

序 論

本書は，日系企業を主な対象として2004～2007年に実施したアジア各国・各地域の調査に基づいて，現代のアジア労働市場の特質を解明することを課題としており，2000～2002年調査データによって現代アジアの労働市場を分析した前著（宮本：2002）の続編である。

　前書で分析対象とした国・地域は，中国・上海市，中国・浙江省，マレーシア，インドネシア，台湾，ベトナム，シンガポールであったが，調査企業としては日系企業の他に国有企業や現地資本の中小零細企業も取り上げた。そこで検出したアジア労働市場の注目すべき特徴は，一国レベルでも国際的にも重層化した労働市場の展開であり，参入する労働者の序列化と就労の格差構造の顕在化であった。しかもその就労格差は当該国・当該地域の社会的・制度的要因によって強く規定されていることも，断片的ではあるが明らかとなっている。

　本書では，前著の続編として，前回取り上げることのできなかった国・地域を分析対象とするとともに，特定国に関してはその時系列変化も追跡している。分析課題は前著と同様に現代アジアにおける労働市場の特質の解明であり，本書ではこれに関連してとくに次の2つの個別課題に着目したい。

　ひとつは，日系企業を主たる調査対象としていることから，日本企業の進出によって形成される労働市場の特殊性の解明である。日系企業は独自の経営戦略と労務管理の方針に基づいて現地人労働者を需要しようとするが，それは現地側の社会的・制度的要因によって，供給される労働者の制約を受けることになる。日系企業の労働市場は，日本側と現地側の双方の相互作用によって，実際の労働現場の編成が決定することになるのである。しかも外資系企業の主役でもある日系企業の労働市場ゆえに，現地社会の労働市場全体に及ぼすインパクトは決して小さくない。論点を換言すれば，いわゆる日本的経営・生産システムの「アジア的適応」が，アジア現地にどのような労働市場を生起させることになるのか，という問題設定とも言えよう。

　着眼点の第2は，第1の論点の帰結のひとつでもあるが，現代アジアの各国・各地域に特異な労働の格差構造の解明である。前著でも部分的に明らかにしたように，日系企業が現地に形成する労働市場は重層的・多元的であり，

その結果，各国・各地域の労働市場に特有の労働格差を出現させている。それは，特定地域や一国レベルだけでなく，アジア域内の国際的な労働市場の形成においても同様である。アジアに展開する日系企業の労働力需要と，それを制約するアジア側の社会的・制度的特徴との相互関係から，多層化した労働市場に顕現する労働格差の今日的特徴の解明に接近したい。

なお，本書で使用する「労働格差」という用語についてあらかじめ言及しておく。それは単に労働者の賃金＝所得格差を意味するだけではなく，アジア各国・各地域の多様な社会的・制度的要因によっても性格づけられる，労働の質的格差をも含む広義の雇用格差を示す用語である。この概念の具体的内容は，各章の分析を通して徐々に明らかになるはずである。

現代アジア諸国における投資・貿易，産業構造，労働力編成，日系企業の直接投資動向，また先行のアジア労働市場研究の動向，日系企業の「アジア的適応」問題の所在などについては，前著(序章)で基礎データも含めて詳しく言及しているので，重複を避けるために本書では割愛する。以下では，アジア国際分業の要点整理と最新の基礎データの提示のみに止めたい。なお，分析対象国・地域に関する研究動向については，必要な範囲に限り各章冒頭で触れている。

やや歴史的に遡れば，1985年プラザ合意以降のアジアを取り巻く国際経済環境の激変によって，現代アジア諸国における投資と貿易，産業構造，労働力編成のあり方は大きく変化した。アジア経済をめぐる新国際分業は，中国・東南アジア・インドなどの主要諸国における輸出志向型開発戦略の本格的採用(大競争時代の到来)とともに，アジア域内での投資・貿易関係の一層の緊密化を特徴としている。金融市場の規制緩和，電機・電子産業と自動車関連産業を基軸とする製造業の育成がほぼ共通の開発戦略となり，そのことは貿易における一次産品輸出の相対的低下と機械・輸送機器の比重増をもたらし，輸出先もアメリカからアジア域内へのシフトが顕著となった。こうした変化は，日本・アジアNIEs諸国からのアジア向け直接投資の急増に伴って，アジア現地での資本財・中間財の需要が高まったこと，アジア域内での

表 0-1 アジア各国の

		農林漁業	鉱 業	製造業	建設業
日 本	1990 年	4,510	60	15,050	5,880
	2004 年	2,860	40	11,770	5,840
韓 国	1990 年	3,237	79	4,911	1,346
	2004 年	1,825	16	4,290	1,820
香 港	1990 年	23	0.6	751	226
	2004 年	9	0	236	268
シンガポール	1990 年	6	1	447	122
	2004 年	5	1	357	115
マレーシア	1990 年	1,737	37	1,333	424
	2004 年	1,408	30	2,131	943
インドネシア	1990 年	42,378	528	7,693	2,060
	2004 年	40,608	1,035	11,070	4,540
フィリピン	1990 年	10,185	133	2,188	974
	2004 年	11,785	96	3,020	1,643
中 国	1990 年	341,770	8,820	86,240	24,240
	2004 年	324,870	5,580	83,070	38,930
合 計 (A)	1990 年	403,845	9,659	118,613	35,272
(B)	2004 年	383,371	6,798	115,944	54,099
増減 (B)−(A)		−20,474	−2,861	−2,669	18,827

(出典) 労働政策研究・研修機構[1999][2007]より作成。

工業製品の消費財需要の相互依存性が強まったことの反映でもある。

　日本・アジア NIEs 諸国の 1980 年代末以降の集中豪雨的なアジア域内投資は，新たな国際分業を牽引した。アジア域内の直接投資では，依然日本が優位に立っているとはいえ，アジア NIEs 諸国のアジア域内投資増が顕著となっている(台湾・韓国の対中国・東南アジア投資，シンガポールの東南アジア域内・中国投資など)。日本の対アジア投資ではアジア NIEs 諸国への投資が相対的に減少するとともに，かつての主要対象国であった東南アジア投資を堅持しつつ，いまや対中国投資の急増が特徴的であり，さらに新興市場であるインド・ベトナムへの投資増も顕在化している。

　アジア全域にわたる労働力人口のマクロ変動に関しては，統一的基準でみた就業人口の構成変化を表 0-1 に掲げておく。1990～2004 年の各国の長期趨勢は，産業高度化の進展度をある程度反映したものとなっている。一次産

産業別就業者数　　　　　　　　　　　　　　　　　（単位：1000人）

電気・ガス・水道	金融・保険	運輸・通信	商業	その他・サービス業	合　計
300	5,160	3,750	14,150	13,320	62,180
310	8,430	3,950	15,370	14,010	62,580
70	945	923	3,935	2,638	18,084
72	2,652	1,376	5,862	4,644	22,557
19	209	268	703	512	2,712
15	482	360	1,074	865	3,309
7	167	147	338	301	1,536
10	361	213	449	557	2,068
47	258	302	1,218	1,329	6,685
58	628	482	2,236	1,955	9,871
135	478	2,312	11,067	9,070	75,721
231	1,125	5,481	19,119	10,513	93,722
91	444	1,137	3,145	4,220	22,517
121	1,000	2,446	6,586	5,044	31,741
1,920	2,620	15,660	28,390	16,730	526,390
2,900	4,580	20,840	49,690	43,900	574,360
2,589	10,281	24,499	62,946	48,120	715,824
3,717	19,258	35,148	100,386	81,488	800,209
1,128	8,977	10,649	37,440	33,368	84,385

業従事者の絶対的減少（フィリピン以外），製造業ではアジアNIEs諸国の減少と中国の停滞，対照的に他の東南アジア諸国の増加，サービス業の全般的伸長，サービス業の中では金融・保険業の拡大などにも注目しておきたい。その他の細部にわたる労働力構成の変化については，統計データの制約もあって割愛するが，女性労働力，とりわけ若年女性の労働市場参入や，高学歴の専門職労働者が一定の層を成して独自の労働市場を形成しつつあることなども，今日的特徴として指摘できる（国別にはデータとともに各章の関連箇所で言及する）。他方，統計データには十分反映していない都市雑業層の分厚い存在などにも留意すべきである（都市雑業については第6章で扱う）。またこれらのマクロ統計では，労働市場の重層的構成や就労の内実からみた格差構造の変動など，労働の質的変化は解明できない。労働格差の今日的特徴は，第1章以下の微視的な事例分析を通して明らかにしていく。

表 0-2　日系企業の地域別現地法人・労働者数

	1988 年		1994 年		1999 年		2007 年	
	現地法人数	労働者数（万人）	現地法人数	労働者数（万人）	現地法人数	労働者数（万人）	現地法人数	労働者数（万人）
アジア	3,770	80	6,632	138	9,739	199	12,610	270
北　米	2,766	39	4,091	62	3,942	69	3,636	51
ヨーロッパ	1,805	12	3,417	26	3,319	30	3,349	32
中南米	765	24	952	16	946	14	867	15
オセアニア	491	11	762	7	667	6	537	4
アフリカ	164	1.4	143	2.7	109	1.8	115	2
中　東	98	0.5	82	1	84	0.8	112	1
合　計	9,859	168	16,079	253	18,806	321	21,226	375

（出典）東洋経済新報社［2000］［2007］より作成。

表 0-3　アジア各国，日系企業の労働者数

	1999 年		2007 年	
	現地人労働者	日本人労働者	現地人労働者	日本人労働者
韓　国	79,365	478	77,996	709
台　湾	115,435	2,093	81,018	1,490
香　港	136,526	3,298	140,633	2,504
シンガポール	76,634	3,669	48,820	1,989
タ　イ	337,034	4,682	476,369	4,638
マレーシア	212,630	2,495	148,406	1,461
インドネシア	230,299	2,251	252,326	1,680
フィリピン	134,913	1,261	162,583	893
中　国	530,705	5,612	1,088,578	11,040
ベトナム	24,687	329	105,184	574
インド	56,961	259	65,023	309
全アジア	1,962,572	26,560	2,646,936	27,287

（出典）東洋経済新報社［2000］［2007］より作成。

　次に，本書の事例分析の中核となる日本企業について，そのアジア進出の現況を表 0-2 の現地法人数と雇用労働者数の推移によって確認しておく。日本の海外進出企業は，世界の地域別でみると法人数・労働者数でもアジア地域が最大となっている。法人数ではアジア地域が 1988 年の 38.2％から 1999 年には 51.8％となって過半を占めるに至り，2007 年には 59.4％とほぼ 6 割に達している。雇用労働者数では 1988 年の 47.6％から 1999 年には 62.0％，2007 年には 72.0％，実に 7 割強に達している。世界的にみても日系企業の

アジアシフトは明瞭であろう。表0-3で日系企業労働者数をみると，1999年時点でのアジア地域の現地雇用労働者数は196万人，これが2007年には265万人に増加している。国別ではNIEs諸国やマレーシアでの減少・停滞と対照的に，中国の急増ぶりが際だっており，同時に日系自動車産業が集中するタイ，それに新興市場であるベトナム・インドでの増加が注目される。国別の増減は，21世紀に入って以降の日本の直接投資のアジア域内での重点移動を物語るものであろう。

　以上に関連する分析課題は，既述のように，日系企業がアジア現地でどのような質・量の労働力を需要するに至り，またそれは進出先の社会的・制度的要因によってどのように制約されているのか，さらに当該労働市場の格差構造とどのような相互規定関係にあるのか，これらの国別・地域別特質の解明である。

　なお，本書の分析対象とする国・地域は，前回調査できなかった中国・広東省，タイ，インド，それに再調査によって時系列分析の対象とした中国・上海市，マレーシア，インドネシアである。各国日系企業の企業調査では，面接調査とアンケート調査を併用し，日本人管理職，現地人管理職，現地人工場監督などで面接が許された人々からは，当該企業の経営戦略・事業実績・労務人事管理などについて，できるだけ詳しい聞き取りを行った。また労働者に対するアンケート調査では，当該企業の人員構成をできるだけ反映した特定の部署を選定し，職位構成に比例した人数分の回答が得られるように配慮した。

　（補注）　本書と既発表論文との関係は以下のとおりである。
　本書第1章〜第6章は，既発表の宮本[2004][2005b][2006][2007a][2007b][2008]に加筆・修正して再構成したものであり，序章と終章が書き下ろしである。ただし，第1章〜第6章も叙述や評価を改めて，大幅な書き直しを行った箇所もある。

第 1 章

中国・広東省の日系企業と労働市場
――東莞市の事例分析――

はじめに

　「改革・開放」以降の広東省・珠江デルタにおける労働市場は，当地に独自の委託加工生産のあり方に規定されて，同じ中国でも上海市を拠点とする長江デルタの労働市場などとは異なる特徴をもって展開したと考えられる。周知のように広東省は「改革・開放」の実験場と位置づけられ，深圳市を経済特区第1号として中国の対外開放がスタートし，その後は珠江デルタが最大の開発拠点となった。国際金融・情報・経営管理のハブ都市としての香港を取り込み，いわゆる広東型の委託加工生産が展開したのである。本章の課題は，香港返還後の広東型委託加工がその導入以降4半世紀を経た現在どのように運用され，広東省の労働市場と労働格差がどのように変容しつつあるのか，この問題をいまや珠江デルタ開発の最前線となっている東莞市の日系企業を事例として検討することにある(現地調査は2005年3月に実施)。

　中国の労働市場研究の動向については前著(宮本：2002)で検討したので詳細はそれに譲るが，広東省および珠江デルタ経済圏の労働市場に関する本格的な研究は極めて少ないのが実状である。管見の限りでは，現地調査に基づく研究で関[2002]や大島[2001]などの研究がある。前者は，広東省の経済発展全般を分析する中で労働問題にも部分的に触れており，後者は出稼ぎ労働者の意識調査を主たる課題としている。しかし，当地における労働力の需給関係，企業内の労働力編成，労務人事管理などを分析の俎上にのせて，広東省の労働市場のあり方を本格的に研究したものはほとんどみられない。本章では，上述の課題に接近するにあたり，筆者によるこれまでの中国各地および東南アジア諸国・インドの調査事例をも活かすべく，労働市場の地域比較・国際比較の視座も設定している(図1-1を適宜参照)。

I　香港＝広東省の開発と労働力編成

1　広東型委託加工の現実

　香港―深圳―広州を結ぶ珠江デルタ地帯は，1979年以来の「改革・開放」

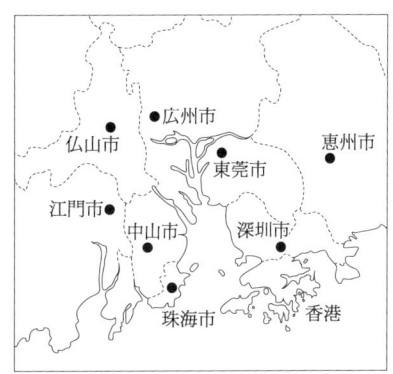

図1-1　中国および広東省略図

経済の下で，今日でも長江経済圏や渤海経済圏とともに開発拠点のひとつであることに変わりはない。とりわけ深圳・東莞・珠海の一帯は電機・電子産業の一大集積地となっており，セットメーカーからその下請けである部品・素材メーカーも集中し，現地一貫生産の体制が構築されつつある。以下ではまず，「改革・開放」の当初から展開した，広東省に独特の委託加工方式による外資系企業の生産基地化の原則と実態を把握することから始める。一般に広東型委託加工と呼ばれているものである。

広東省の委託加工生産＝「来料加工」（広東省に独特の加工貿易の類型区分では，後述の「進料加工」と区別）とは，香港に進出した外資系企業および香港資本の香港法人が，中国（香港・台湾を含まない大陸中国の意，以下同様）に企業登記をしないまま広東省で企業経営を展開する生産方式である。したがって，後述のように中国側の統計データの直接投資には含まれず，実態把握が困難な外資の進出形態でもある。

「改革・開放」当初の広東型委託加工の原則の要点は以下のようであった。

土地・工場建屋・労働者は中国側(具体的には市・鎮・村のいずれかの行政体)が提供し，保税された生産設備・材料・部品は香港から送り込まれ，製品はすべて香港に輸出する。香港に進出した外資系企業は，香港に現地法人を設立し，委託加工工場を用意した広東省の地元地方自治体と委託加工契約を結ぶ。外国企業の直接投資ではないので，中国国内で企業登記せず，法人税も不要，原材料や機械設備などの輸入税，製品の輸出税も免除される。一方，生産委託した外資系企業は中国側に「加工費」を支払う。「加工費」は労働者1人当たりの基準で人数分支払われる。地元政府は受け取った「加工費」から労働者の福利厚生費や管理費を差し引いた後に，賃金として支給する。したがって，外資系企業は労働者と直接の雇用契約を結ばない。委託加工のメリットは，土地・工場と職員寮(通常は工場内に建設)がリース制で，法人税・関税も不要であることから，操業開始時の経費負担が軽減されることであると言われる。外資系企業(および香港企業)は機械設備と必要ならば工場などの内装の経費，それに労働者の加工費・人頭税・「暫住証」発行費などを負担することになる。

ところが，この制度が発足してすでに20年以上が経過しており，実際に運用されている現在の広東型委託加工は原則との乖離が進んでいる。以下に筆者が現地での聞き取りから得た情報を整理してみる。

現在広東省に進出して委託加工契約を結んでいる外資系企業の多くは，工場や建屋の供給を中国側から受けるものの，労働者は自己調達し，工場の管理運営もすべて外資系企業の派遣駐在員が行うという形態が一般的となっている。外国企業による進出先の地元政府への支払いは，以前のような工場の賃貸料・管理費・「加工費」などを細かく算定することなく，経費の一括支払いを行うことが多い。また，全製品の香港輸出義務も形骸化してきており，書類上は地元税関が製品の香港への輸出，再び香港から中国への輸入という手続きをとるが，製品は直接広東省内の外資系企業同士で取引されたり，現地国内市場で販売されているケースも増加している。当初は現地に進出した企業間での部品・半完成品の取引のみ許可されていた(これを「転廠」という)が，最近では非公式だが完成品の販売も部分的に可能になっているとい

う。このように原則と実態との間にはかなり大きな乖離が生まれているのである。

　もうひとつの最近の特徴は，委託加工の方式ではなく，直接投資しかもいわゆる独資(外資100%)による進出が増加していることである。この直接投資の企業進出は，広東省に独自の加工貿易の類型区分では「進料加工」という方式をとる。「進料加工」においては外資系企業に経営と生産の権限が付与され，条件付きだが国内販売も可能となる。内販には課税されるが，輸出製品には原材料輸入税や製品輸出税が免除されるいう点で「来料加工」と同様の優遇措置もある。「進料加工」＝独資の進出増加は，委託加工(＝「来料加工」)に伴う煩雑な手続きを避けるとともに，市場動向に応じて内販も可能な直接投資が選好されているためであり，最近では以前に委託加工方式で進出した企業も独資に切り替えるケースが目立っているという。例えば，広州市を中心に外資の進出著しい自動車産業では独資が増加しており，進出企業間の部品・パーツの相互取引で手続きの煩雑さを避けるために委託加工は敬遠されている。

　なお広東省の直接投資(「三資企業」，合弁・合作・独資の3形態に区分される)に独資が多いのは，同省には省都の広州以外に大規模国有企業がほとんど存在せず，「改革・開放」政策の拠点となった深圳・東莞・珠海などはかつては国境の辺境地帯であったためである。開放政策が始まった当初，広州以外では外資の合弁相手がほとんど存在しなかったのである。近年では現地資本の私営企業も徐々に育ってきているが，開発当初の事情から直接投資は現在でも独資企業が中心である。なお，現地での聞き取りによれば独資の内販は製品の30%程度までとされているようであるが(一部の地域では50%程度まで)，これも厳密に管理されているわけではない。また少数だが合弁企業を設立しているケースでは，地元政府が設立した企業(いわゆる郷鎮企業)と合弁するのが一般的であった。

　以上を念頭に置いて，次に公式の統計データによって貿易・投資の動向を確認しておく。まず表1-1が，輸出額でみた委託加工および直接投資企業の構成である。1990年以降，構成比でみると委託加工(「来料加工」)の減少，

表 1-1　輸出額でみた委託加工および直接投資企業の構成(広東省)

(単位：100万ドル)

	1990年		1995年		2002年	
	輸出額	構成比(%)	輸出額	構成比(%)	輸出額	構成比(%)
一般貿易	59.5	26.8	136.0	24.0	217.1	18.3
来料加工	91.7	41.3	159.4	28.2	313.6	26.5
進料加工	68.4	30.8	263.4	46.5	618.3	52.2
その他	2.6	1.2	7.1	1.3	35.6	3.0
輸出総額	222.2	100.0	565.9	100.0	1,184.6	100.0

(出典)　広東市統計局編[2003]。

表 1-2　広東省の市別輸出額構成(2002年)

	輸出額 (100万ドル)	構成比(%)
①深圳市	465.4	39.3
②東莞市	237.3	20.0
③広州市	137.7	11.6
④仏山市	78.9	6.7
⑤恵州市	58.9	5.0
⑥中山市	57.2	4.8
⑦珠海市	52.0	4.4
その他14市合計	97.2	8.2
総　額	1,184.6	100.0

(出典)　広東市統計局編[2003]。

直接投資(独資中心の「進料加工」)の増加が顕著である[1]。

　次の表1-2は広東省の市別輸出額構成であり，本章の事例調査の対象地である東莞市は，深圳市に次ぐ生産＝輸出拠点となっている。表1-3の広東省の外資利用状況をみると，累計契約件数では委託加工が6割を超えるものの，近年では直接投資が委託加工を凌駕する傾向にあり，独資企業のみでも委託加工の件数を上回り，契約額では独資がほぼ60％に達している(なお，委託加工契約における契約外資額とは保税された工場設備価格であり，土地・建物などの投資額が含まれず，前述のような初期投資の軽減が図られるため，当初より契約額は僅少となる)。

　表1-4に広東省の外国資本構成を掲げている。資料の制約から外国投資のみのデータが得られず，外国資本には政府借款なども含むが，前掲表1-3か

表1-3 広東省の外資利用状況

		契約件数		契約額(万ドル)	
		1979～2002年累計	2002年単年	1979～2002年累計	2002年単年
借　款		1,250	56	1,689,762	43,433
直接投資	合弁企業	34,129	1,035	5,614,644	251,475
	合作企業	28,418	369	7,521,703	144,042
	独資企業	33,139	5,205	6,764,430	1,136,063
委託加工		160,551	5,037	1,101,644	169,556
その他		1,972	4	417,129	145,539
合　計		259,459	11,706	23,109,312	1,890,108

(出典) 広東市統計局編[2003]。

表1-4 広東省の外国資本(契約ベース)　(単位:100万ドル)

	1979～2002年累計	2002年単年
アジア	186,916	12,085
香　港	154,485	9,096
マカオ	6,160	492
台　湾	8,979	1,121
日　本	7,459	687
シンガポール	5,538	380
韓　国	1,299	150
ヨーロッパ	13,264	1,279
ドイツ	1,521	51
フランス	2,637	284
オランダ	2,573	5
イギリス	4,240	798
ラテンアメリカ	16,115	3,629
バージン諸島	14,546	3,309
北　米	9,052	1,162
アメリカ合衆国	7,727	1,037

(出典) 広東市統計局編[2003]。

ら90%以上が直接投資と委託加工によって占められるので，ほぼ外国投資の動向を示すものとみて大過ないだろう。この統計によれば，累計の契約ベース投資額で83%がアジア諸国からの投資，アジア域内では香港が82%を占めることになるが，香港として計上されている多数は，既述のように香港に進出した外国企業が現地法人を設立し，それが広東省へ進出したものである。同表からはこうした資本の流れを十分に把握できないという制約があ

る。おそらく純粋の香港ローカルの企業は，香港からの投資の一部分に過ぎないであろう。いずれにしても，広東省への外国投資では，日本とともに台湾のプレゼンスが大きく，アジア NIEs 諸国とアメリカ，香港の旧宗主国イギリス，それにシンガポールを中心とした東南アジアの華人企業の香港経由での中国進出が特徴的である。

2 広東省の労働力人口

広東省に戸籍を持つ人口(戸籍人口)は2002年末段階で7650万人，そのうち労働力人口は4130万人であり，開発の進展する珠江デルタ一帯では，地元出身者よりも地方出身の流入人口が主たる労働力であることは周知のところである。開発を担う労働力の主力部隊である省外の地方出身者は，広東省の労働力人口にカウントされておらず，これを統計的に正確に把握することは極めて困難である。ところが，地方出身者(大多数は農村戸籍者)の広東流入は比較的容易であり，他の省・特別市の開発拠点，例えば上海市のように地方出身者(とくに農村戸籍者)の流入を制約していない。これは，既述のように広東省という特異な地域ゆえに，開発当初から労働力不足が構造化していたためでもある(国有企業の多い省・市では，下崗労働者＝都市戸籍者の雇用対策を優先しており，農村戸籍者が都市労働市場へ参入する際には様々な規制を受ける)。他省出身者には「暫住証」が発行され，発行手数料と人頭税(いずれも1人当たり数十元)を徴収するが，外資系企業などに雇用された地方出身者は，身分証明書さえ所持していれば「暫住証」は比較的簡単に取得できる。

省外出身の労働力に関して，広東省の統計データで公表されている「流動人口」からその規模を推定することは可能である。「流動人口」とは，居住地に戸籍を持たない人口として公表されているものである[2]。

2000年の「流動人口」は広東省全体で2105万人，市別では多い順に深圳市583万人，東莞市492万人，広州市331万人，仏山市221万人，中山市104万人などであり，開発工業化の進む珠江デルタの主要都市に集中している(広東市統計局編：2003)。ただし，これがすべて労働力人口とは限らない

表1-5 東莞市の「暫住人口」とその労働力構成

	1995年	構成比(%)	2002年	構成比(%)
「暫住人口」総数	1,421,754	100.0	4,336,453	100.0
1　男女別				
男　性	581,304	40.9	1,973,316	45.5
女　性	840,450	59.1	2,363,137	54.5
2　地域別出身地				
省　内	371,816	26.2	722,894	16.7
省　外	1,023,510	72.0	3,593,034	82.9
湖南省	253,574	(24.8)	685,311	(19.1)
四川省	223,727	(21.9)	555,569	(15.5)
広西チワン族自治区	149,478	(14.6)	394,088	(11.0)
湖北省	84,727	(8.3)	389,735	(10.8)
江西省	67,562	(6.6)	294,086	(8.2)
その他(外国人)	26,428	1.9	20,525	0.5
3　産業別労働力				
工　業	1,084,860	85.7	3,573,355	83.9
農　業	54,714	4.3	127,584	3.0
商　業	52,965	4.2	300,642	7.1
その他・サービス業	72,829	5.8	258,561	6.1
(合計)	(1,265,368)	(100.0)	(4,260,142)	(100.0)

(出典) 東莞統計局編[2003]。

が,「流動人口」のおよそ70〜80%は省外出身の労働力と推定される。

　その根拠は,表1-5に示した東莞市のデータで公表されている「暫住人口」と労働力構成である(省レベルで同精度のデータは公表されていない)。2000年人口センサスで東莞市の「流動人口」は全省の23%を占めるので,このことと表1-5から推計すると,2000年の広東省の「暫住人口」は1890万人,うち省外出身者は1560万人,「暫住人口」の中の労働力人口は1852万人,うち省外出身の労働力人口は1530万人となる。以上の推計に基づいて試算すれば,2002年の広東省の労働力人口のおよそ37%が省外労働力,開発区が集中する東莞市では省外からの流入労働力が全労働力人口の77%に達すると見込まれる。なお,こうした「暫住人口」のデータは広東省内の各行政レベルで発行された「暫住証」などの集計によって掌握可能であるが,地方から流入して都市雑業などに従事する労働力の相当数は「暫住証」を取

得することなく就業していると言われる。こうした非公式の労働力人口の規模は推定すら困難であるから，省外からの流入人口が過少評価されるという資料上の制約があることも指摘しておかねばならない。

II 東莞市の貿易・投資と労働力構成

『東莞統計年鑑』(2003年版，本章執筆時の最新版)によれば，2002年の同市の輸出総額は 2 億 3700 万ドル(US ドル，以下同様)，生産方式による内訳では委託加工(「来料加工」)が 1 億 1720 万ドル，直接投資(「進料加工」)が 1 億 1670 万ドルと両者がほぼ拮抗している。また，同『年鑑』の外資利用状況に関する統計をみると，1990 年の外資との契約では，委託加工が 514 件・1870 万ドル，直接投資が 111 件・4945 万ドル，これが 2002 年には委託加工 524 件・4 億 7285 万ドル，直接投資 867 件・20 億 1629 万ドルに増加，委託加工の投資額が低く抑えられることは先に指摘したとおりだが，件数でみても直接投資の急増ぶりが窺われる。

外資の投資国別統計では，香港 9 億 9700 万ドル，台湾 2 億 600 万ドル，シンガポール 7800 万ドル，日本 7300 万ドル，韓国 2100 万ドル，アメリカ 1800 万ドルの順となる。前述のように，香港からの投資に日本をはじめ諸外国の香港法人からの投資が含まれるので，香港ローカルの投資は額面の一部とみられる。広東省全体のデータと同様に台湾のプレゼンスが大きく，珠江デルタではアジア NIEs 諸国と日本の熾烈な競争が電機・電子(広州は自動車)産業を中心に展開されている。

東莞市の委託加工契約の相手政府は，2000 年の集計で省・市が 650 件，鎮 2160 件，村 9443 件で圧倒的に村政府との契約が多い(関：2002, p.256)。東莞市では，新たな工業団地の開発は村政府が中心となっている。

前掲表 1-5 によって東莞市の「暫住人口」と労働力構成を確認しておく。先に指摘したように東莞市では省外からの流入労働力が全労働力人口の 77％に達すると推定される。「暫住人口」の性別では女性が過半に達しており，これは後述のように工場労働を若年女性が担うためである。「暫住人口」

の省外比率は82.9％に達しており，その省別内訳では湖南省が最も多く19.1％，次いで四川省15.5％，広西チワン族自治区11.0％，湖北省10.8％，江西省8.2％の順となる(2002年)。時系列では，湖南省・四川省に集中していた地方出身者の供給地がやや分散化の傾向を示している。なおこれも後述するが，工場レベルでは地方出身者の雇用方法が異なり，供給地が特定の省・市に集中することも少なくない。産業別の労働力構成では，やはり生産拠点としての開発区ゆえに工業(製造業)が圧倒的であるが，商業・サービス業従事者も徐々に増加し都市化の進展を窺わせている。

現地での聞き取りによれば，東莞市開発区での工場労働者の平均的賃金は，基本給が月額約500元，残業手当がついて約700元程度とのことであった(2005年3月現在)。労働時間は業種によってやや異なるが，所定内8時間に加えて残業は1日2〜3時間，休日出勤も含めると月70〜100時間が常態となっている。国基準の労働契約や福利厚生の実施については企業レベルでの運用にばらつきが大きく，各種保険や養老年金に加入していても実際の運用は曖昧にされているケースも多いという。生産職労働者の圧倒的多数が地方出身の若年労働者によって占められ，しかも短期雇用形態が一般化している当地では，労働者の社会保障問題は地方政府の主たる政策課題とはなっていないようであった。

Ⅲ 日系企業の事例分析

1 調査企業2社の概要

次に調査企業2社の概要を示す。

GA社。1995年に香港進出，1996年東莞市長安鎮で委託加工を開始，土地・工場・職員寮はリースだが，機械設備や内装は日本側が負担，労働者も進出企業による直接採用の方式をとる。大手電機・電子メーカーに供給する小型モーターを生産。日本国内での生産は，同社生産量の2〜3％程度に縮小して，生産拠点を全面的に海外(中国)に移転した。中国国内での部品調達は，すべて東莞市内に進出している日系企業から行う。製品のうち約15％

表1-6 広東省東莞市，日系企業2社の職位構成

	GA社				GB社			
	日本人	中国人			日本人	中国人		
		男性	女性	合計		男性	女性	合計
取締役	1	—	—	1	1	1	—	2
管理職	1	10	5	16	3	6	4	13
技術職	3	11	6	20	—	6	—	6
事務職	—	25	169	194	—	5	11	16
職長・班長	—	5	53	58	—	16	8	24
正規生産職	—	35	1,122	1,157	—	112	170	282
臨時工	—	—	—	—	—	22	35	57
合　計	5	86	1,355	1,446	4	168	228	400

(出典) 筆者調査(2005年3月)。

は中国国内販売，委託加工契約なので形式上は税関で香港への輸出と再輸入の手続きをとるが，実際は現地での直接取引である。香港経由の輸出は約8割が日本向けの逆輸出，他は東南アジアの日系企業向けである。

　GB社。1996年に香港に現地法人設立，1997年から東莞市で委託加工，土地・工場・職員寮はリース，労働者は同社による直接調達。海外展開する日本の大手電機・電子メーカーにマグネット部品を供給している。製品は100％輸出手続きの後，中国国内市場(供給先は中国各地に進出した日本の大手メーカー)にも販売(内販比率不明)。日本国内での生産はほぼ全面的に停止し，生産の99％を中国にシフトしたという。

　なお，今回の調査では上記2社の他に，東莞市長安鎮に進出している日系電子部品メーカー(GC社)も訪問したが，労働者へのアンケート調査や聞き取り調査が許可されず，また企業データもラフなものしか提供されなかった。GC社については，上記2社と比較可能なデータのみ提示することにする。

2　内部労働市場(需要構造)

　次に東莞市の調査企業における労働力需要の諸特徴をみてみる。まず表1-6が調査企業2社の職位構成であり，国際比較および中国の他地域との比較にも留意して，職位を7階層に区分して整理している。企業ごとに実際の職位編成は多様で，その細部が異なることは言うまでもない。生産職の労働

者(ブルーカラー層)の多数が女性によって占められる(とくに GA 社)のに対して，管理職・技術職クラスは男性優位の構成であり，男女間の性別分業が明瞭である。日本人スタッフの説明によれば，2 社ともに同じ職位であれば性別の処遇差別はないというが，直接部門と間接部門では雇用方法が異なり別個の内部労働市場を形成しているので，間接部門の入職口では男性優位の雇用方針がとられているものとみられる。

　工場現場の生産職労働者(ワーカー)は，GA 社では 1 カ月の試用期間を経て，書類上は労働法の規定に基づいて 1 年契約，GB 社では 3 カ月の試用期間後に 1 年の雇用契約を結ぶ。就業態度等にとくに問題がなければ契約更新されるとのことであるが，実際は 2 回以上の契約更新は希である。そのほとんどが中卒または高卒の学歴レベルの他省(内陸農村部)出身の若年の出稼ぎ労働者であり，短期雇用の単純労働が原則である。複雑な職階は存在せず，やや勤続期間の長い者が作業長や職長に就くがこれも極めて流動的である。定期の詳細な人事考課によって職階を昇るということもなく，契約更新すれば若干の昇給はあるが，全体として当地の最低賃金に近い水準で雇用される。職務訓練は OJT のみで，「配置ラインにもよるが通常は数時間，長くても数日で習得できる作業内容」(GA 社，中国人職長)であるという。

　GB 社では，生産職の中に臨時工として採用されている労働者もいる。同社では，現場作業者の需給調整に臨時工も数カ月単位で雇用する。同社の書類上は正規生産職と区別されているが，上述のように正規生産職も短期雇用で流動性が高いので，就労実態としては正規生産職と臨時工に大きな差異がない。この点が，むしろ当地のワーカーの共通した特徴と言えよう。

　一方，間接部門の雇用は短大・専門学校卒以上の学歴・技能レベルの修得者を対象として，生産職とは別個の入職口が用意されている(事務職の一部には高卒も採用)。経営側は，彼らに対して生産・経営の現地化を担いうる職層として期待しており，人事考課による昇進(昇給)も保証されている。つまり生産職とは別の内部労働市場が形成されて，長期雇用も可能な雇用システムであるが，後述のように定着率がそれほど高いわけではない。それゆえ特定の専門職の補充には外部労働市場との接触も必要となり，分節化した内

表 1-7　広東省東莞市の日系企業 2 社，労働者の学歴別構成

	GA 社	GB 社	合　計	構成比(%)
小学校卒	20	—	20	1.2
中学・普通科卒	} 1,056	70	} 1,126	} 70.2
中学・職業科卒		—		
高校・普通科卒	77	24	101	6.3
高校・職業科卒	77	279	356	22.2
短大・専門学校卒	n.a	13	(13)	—
大学卒	n.a	7	(7)	—
合　計	1,230	373	1,603	100.0

（注）GA 社はワーカーのみの集計。したがって構成比もワーカーのみで算出。
（出典）筆者調査(2005 年 3 月)。

表 1-8　広東省東莞市の日系企業 GA 社，労働者（ワーカー）の年齢別構成(2004 年 1 月)

年　齢	労働者数	構成比(%)
14 歳	12	1.2
15 歳	72	6.9
16 歳	142	13.7
17 歳	173	16.7
18 歳	166	16.0
19 歳	152	14.6
20 歳	102	9.8
21 歳	80	7.7
22 歳	50	4.8
23 歳	37	3.6
24 歳	24	2.3
25 歳	13	1.3
26 歳	11	1.1
27 歳以上	5	0.5
合　計	1,039	100.0

（出典）筆者調査(2005 年 3 月)。

部労働市場が完全に閉鎖的というわけではない。

　表 1-7 は調査企業の労働者の学歴別構成であり，学歴と入職後の職位との相関はかなり明瞭である。生産職労働者の場合，GA 社では主に中卒，GB 社では高校(職業科)卒が主体となる。GA 社のデータからは短大・専門学校卒以上の学歴者の具体的数値が得られなかったが，調査 2 社ともに間接部門の管理職・技術職は短大・専門学校以上の修学者を，事務職には高卒以上の

表1-9 広東省東莞市の日系企業GA社，労働者(ワーカー)の勤続年数別構成(2004年2月)

勤続年数	労働者数	構成比(%)
〜1カ月	88	8.5
1カ月〜3カ月	182	17.5
3カ月〜6カ月	168	16.2
6カ月〜1年	171	16.5
1年〜2年	190	18.3
2年〜3年	106	10.2
3年〜4年	52	5.0
4年〜5年	60	5.8
5年〜6年	16	1.5
6年〜7年	6	0.6
7年〜	0	—
合　計	1,039	100.0

(出典) 筆者調査(2005年3月)。

学歴を採用要件としている。既述のように，経営側が長期雇用と昇進＝昇給を保証するのは事実上間接員のみである。

GA社で生産職(ワーカー)の年齢別構成のデータが得られたので，これを表1-8に掲げる。同社では女性が工場現場の直接部門労働者の97％を占めている。2004年1月現在のデータでは10歳代後半が7割近くに達しており，この年齢層の若年女性が生産労働の主役である。表1-9に労働者の勤続年数別構成を示しており，6カ月未満が42％，1年未満が59％，2年未満が77％を占める。GA社では生産職は2年雇用を原則としているが，2年で自動的に全員解雇することはせず，引き続き就労希望の者に対しては勤務評価に基づいてその一部の雇用延長を認めているとのことであった。しかし，実際には2年未満で離職する者が圧倒的に多い。

表1-10が職位別賃金である。管理職・技術職と生産職の賃金格差が明瞭であり，間接員は人事考課で昇給するので同じ職位でも賃金幅がある。生産職に関しては入職時は最低賃金が原則で，GA社では契約更新すれば自動的に一律2元の昇給であるが，査定による格差をつけた昇給は行わない。GB社では基本給は学歴で決まり(中卒か，高卒か)，勤務評価や勤続年数による基本給の昇給は実施していない。基本給以外では残業手当が主な上積み分だ

表 1-10　広東省東莞市の日系企業 2 社，労働者の職位別賃金(2005 年 3 月現在)

(月額：元)

	GA 社		GB 社	
	基本給	総　額	基本給	総　額
管理職	3,000	4,000	1,000	4,000〜5,000
技術職	800〜2,000	1,300〜2,500	800〜1,000	2,000〜3,000
事務職	600〜1,500	1,000〜2,000	600〜800	1,000〜1,500
職長・班長	600〜1,500	900〜1,800	600〜800	1,800〜2,200
正規生産職	500	700	500	800
臨時工	450	—	400	600

(出典)　筆者調査(2005 年 3 月)。

が，残業時間も個人の選択ではなく画一的に決められるので，賃金差の要因とはならない(昼夜 2 交代制で所定内 8 時間プラス残業 2 時間，土曜は残業扱いで 8 時間労働が常態，労働者側に選択の余地はない)。作業長や職長には技能手当，職務手当などの諸手当が支給されるので，これが現場の職位間給与格差の要因となる。いずれにしても一般のワーカーは，勤続期間・年齢・職務内容によって給与に差がつくことがほとんどなく，最低賃金に近い水準に押しとどめられる。職位別労働者数でみれば生産職が圧倒的多数を占めるので，全体の労働コストは低く抑えることが可能である。業種にもよるが日本の製造業工場労働者と比較すれば，およそ 15 分の 1 から 20 分の 1 の賃金水準である。

　なお，東莞市の最低賃金は 2005 年 3 月 1 日に 450 元から 574 元に引き上げられたが，それでも深圳市や広州市の最低賃金 620 元，上海の 680 元に比べて割安である。調査時には 2 工場とも改訂の最低賃金が支給されておらず，表 1-10 のデータには反映していない。

　珠江デルタの工場労働者は，その多数が内陸農村部からの出稼ぎ労働者によって占められるので，労働者の仕送り状況について行ったサンプル調査の結果を表 1-11 に示しておく。職位・戸籍にかかわらず，およそ 70〜80％の労働者が親元あるいは家族に送金しており，職位間の賃金格差が送金額の多寡と相関しているとみられる。農村出身のワーカーの場合，平均的な仕送り額である 400〜600 元は，出身農村のほぼ農家世帯収入に相当するので，出

表1-11 広東省東莞市の日系企業2社，労働者の仕送り額(月額平均，サンプル調査)

	GA社				GB社			
	職位別		戸籍別		職位別		戸籍別	
	生産職	事務・技術・管理職	農村戸籍	都市戸籍	生産職	事務・技術・管理職	農村戸籍	都市戸籍
〜100元	−	−	−	−	−	−	−	−
100〜200元	8	1	9	−	1	1	1	−
200〜300元	11	1	11	1	1	1	2	−
300〜400元	6	−	6	−	4	1	5	−
400〜500元	12	6	17	1	5	3	7	1
500〜600元	1	−	1	−	4	1	3	2
600〜700元	1	−	−	1	1	1	2	−
700〜800元	−	1	1	−	6	3	5	4
800〜900元	−	−	−	−	−	1	−	1
900〜1000元	1	2	2	1	2	3	2	3
1000〜	−	−	−	−	−	−	−	−
合計	40	11	47	4	24	15	27	11
仕送り者比率(%)	75.5	78.6	75.8	80.0	75.0	78.9	73.0	78.6
平均額	390元	573元	412元	625元	604元	667元	574元	800元

(注) 生産職には職長・班長も含む。
(出典) 筆者調査(2005年3月)。

稼ぎによる送金が出身世帯にとっていかに貴重であるかが知れよう。若年の工場労働者は，職員寮(1室6〜8人の共同生活)に住み込んで生活費を極端に切りつめ，収入の過半を送金しようとする。中国農村部の低所得ゆえに生産職労働者の低賃金も相対化されるのであり，農村・都市間の極端な所得格差が，東莞市のような開発最前線の低賃金水準を構造化する要因のひとつとなっている。

3 労働力の供給源と流動性(供給構造)

次に労働力の供給サイドの分析に移る。まず表1-12に調査企業の労働者の出身地別構成を示している。前掲表1-5でみた東莞市全体の他省出身就労者の構成とはやや異なる比率となっている。この点に関連して，GA社の人事を担当する中国人管理職の説明によれば，「かつては湖南省が供給地の中心だったが，最近は河南省出身者が増えている。これは湖南省や江西省の開

表 1-12 広東省東莞市の日系企業 3 社，労働者の出身地構成

GA 社			GB 社			GC 社		
	労働者数	構成比(%)		労働者数	構成比(%)		労働者数	構成比(%)
①河南省	301	24.5	①江西省	146	37.2	①山西省	1,257	35.0
②江西省	248	20.2	②湖北省	60	15.3	②湖南省	896	24.9
③湖南省	193	15.7	③広東省	30	7.6	③江西省	418	11.6
④湖北省	108	8.8	④安徽省	16	4.1	④湖北省	281	7.8
⑤陝西省	98	8.0	⑤その他	141	35.9	⑤四川省	162	4.5
⑥その他	282	22.9				⑥その他	578	16.1
合計	1,230	100.0	合計	393	100.0	合計	3,592	100.0

(注) 3 社とも出身地の判明する労働者のみの集計。
(出典) 筆者調査(2005 年 3 月)。

発が進展して農村の余剰労働力が吸収されつつあり，広東省流入者はさらに内陸部の出身者が主流になりつつあること，また河南省の大規模な国有企業リストラで下崗労働者が規制の厳しい上海を避けて広東に流入していることなどが要因である」という。「以前は無制限とも言える出稼ぎ労働者の流入がみられた広東省について，最近の新聞等では労働力不足が報じられているが，実際のところどうなのか」との筆者の問に対して，この中国人スタッフは「確かに以前に比べて求職者数は減少しているが，人手不足で困るというような状況ではない」と答えており，依然として供給過剰に変わりはないようであった。

　GA 社と GC 社は工場門前の求人張り紙などでワーカーを不定期に採用するので，地縁・血縁の人的ネットワークで特定の同郷出身者が集まる傾向にある。これに対して GB 社のワーカーは学校求人を原則としており，担当の中国人スタッフが内陸部各地の職業高校に出向いて応募者の面接を行い，採用者を集団で工場に送り込むという方法をとっている。それゆえ GB 社のワーカーの出身地構成は，担当スタッフの人脈に強く依存することになる。調査時は江西省の職業高校を中心にリクルートが行われていた。このように求人方法は工場によって異なるが，いずれのケースもワーカーの出身地に偏りができることになる。

　さて次の表 1-13 以下のサンプル調査に基づく分析では，各項目について

職種別だけでなく戸籍別の分類を示しているので，ここで戸籍問題について一言しておきたい。周知のように，中国では社会主義時代からの戸籍制度が徐々に弛緩しつつもなお存続しており，個人の出生地が戸籍(農村戸籍か都市戸籍か)を規定し，戸籍が職業選択を強く制約している。この点については前著(宮本：2002)でやや詳しく検討したので繰り返しは避けるが，広東省に関しては，上述したような開発当初の事情ゆえに，内陸農村部からの労働力供給への依存度が高く，農村戸籍者が「暫住証」を取得することも比較的簡単である。それでも農村戸籍者が長期にわたって都市に居住することは困難で，住宅取得や子弟教育などで一定の制約がある。農村出身の若年労働者の多くが2年未満で退職して帰郷するのは，彼らには都市住民としての生活保証(住宅・教育・各種社会保障)がないことも一因である。

　農村戸籍から都市戸籍への転換には，厳しい条件だがいくつかのルートが設定されている。大卒者や海外留学経験者，一定階級以上の軍人，文革時の下放者の都市帰還などに対して条件付きで認められる他，本章との関連で注目されるのは企業割当である。これは，外資系企業を含む大規模企業に対して，企業推薦によって都市戸籍を取得できる人員枠を設定したものである。企業は優秀な人材を確保する必要から，主に専門職労働者を優先して都市戸籍を取得させており，これには1人当たり数万元の戸籍取得料を企業が負担する。GA社の中国人スタッフからの聞き取りによれば，東莞市ではさらに当該の労働者が一定額以上の高級住宅を購入することを都市戸籍取得の条件にするケースもあるという。また都市戸籍を取得すれば医療保険や住宅手当などの福利厚生で優遇されるので，事務・技術・管理職で都市戸籍への転換を希望する者も多く，限られた企業推薦枠に対する競争率は非常に高いとの説明であった。

　以上を念頭に置いて，次にサンプル調査で労働者の出身世帯構成を職位別・戸籍別にみる。表1-13である(親の職業による世帯分類)。生産職は調査2社の合計で農家出身者が79％を占め，内陸農村部が主たる給源であることが確認できるが，同時に親が国有企業労働者である例などから一部に地方都市出身者も含まれるものと推察される。事務・技術・管理職の場合も農

表 1-13 広東省東莞市の日系企業2社,労働者の出身世帯構成(サンプル調査)

	GA 社				GB 社				合 計	
	職位別		戸籍別		職位別		戸籍別			
	生産職	事務・技術・管理職	農村戸籍	都市戸籍	生産職	事務・技術・管理職	農村戸籍	都市戸籍		構成比(%)
農 民	44	9	53	—	23	13	32	4	89	75.4
国有企業労働者	2	1	—	3	4	4	2	6	11	9.3
郷鎮企業労働者	—	—	—	—	—	1	1	—	1	0.8
私営企業労働者	2	3	4	1	1	—	—	1	6	5.1
外資企業労働者	—	—	—	—	—	—	—	—	—	—
公務員行政職	—	—	—	—	1	—	—	1	1	0.8
軍 人	—	—	—	—	—	—	—	—	—	—
教 師	1	—	1	—	—	1	—	1	2	1.7
個人企業経営者	2	—	1	1	1	—	—	1	3	2.5
商 人	2	1	3	—	—	1	—	1	4	3.4
職 人	—	—	—	—	—	—	—	—	—	—
その他	—	—	—	—	1	—	1	—	1	0.8
合 計	53	14	62	5	32	19	36	15	118	100.0

(出典) 筆者調査(2005年3月)。

村出身者が過半を占めるが,彼らは高等教育への投資が可能な世帯の出身であり,生産職労働者とは異なる学歴・技能訓練のキャリアを持つ者であろう。戸籍別分類を併せみると,生産職と農村戸籍との間に強い相関がみられる。間接部門はサンプル数が少なく職位と戸籍の明瞭な関係は読み取りにくいが,例えばGB社の農家出身者の一部が都市戸籍に分類されるのは戸籍転換によるものと思われ,間接員に関しては入職後に都市戸籍に転換した者も含むことになる(両社とも広東省の都市戸籍者は2名のみであり,他は省外の都市戸籍保持者)。

表1-14はやはりサンプル調査で労働者の転職状況を示している。GA社では職位・戸籍の別にかかわらず転職経験を持つ労働者の比率が高く,対照的に学校求人で新規学卒者を集団雇用しているGB社では転職経験者が少なくなる。両社の求人方法の相違がデータに反映したものとみられる。これと関連づけて,転職経験者の前職を集計したのが表1-15である。前職は外資系企業,私営企業,国有企業の順に多くなり,前職が広東省内での就労と答えた者が80%に達しており,転職経験者の多数は広東省に流入後に転職を

表1-14 広東省東莞市の日系企業2社，労働者の転職状況(サンプル調査)

	GA社				GB社			
	職位別		戸籍別		職位別		戸籍別	
	生産職	事務・技術・管理職	農村戸籍	都市戸籍	生産職	事務・技術・管理職	農村戸籍	都市戸籍
転職なし	14	6	19	1	30	16	35	11
転職1回	14	3	17	―	―	1	―	1
2回	16	4	16	4	2	1	2	1
3回	7	―	7	―	―	1	―	1
4回	1	1	2	―	―	―	―	―
5回以上	1	―	1	―	―	―	―	―
合　計	53	14	62	5	32	19	37	14

(出典) 筆者調査(2005年3月)。

表1-15 広東省東莞市の日系企業2社，転職経験者の前職(サンプル調査)

	GA社				GB社				合　計	
	職位別		戸籍別		職位別		戸籍別			構成比(%)
	生産職	事務・技術・管理職	農村戸籍	都市戸籍	生産職	事務・技術・管理職	農村戸籍	都市戸籍		
農　民	2	―	2	―	1	―	1	―	3	5.8
国有企業労働者	5	1	6	―	―	―	―	―	6	11.5
郷鎮企業労働者	2	―	2	―	―	―	―	―	2	3.8
私営企業労働者	7	1	7	1	―	1	―	1	9	17.3
外資企業労働者	12	5	15	2	―	2	―	2	19	36.5
公務員行政職	1	―	1	―	―	―	―	―	1	1.9
軍　人	―	―	―	―	―	―	―	―	―	―
教　師	―	―	―	―	1	―	1	―	1	1.9
個人企業経営者	1	―	1	―	―	―	―	―	1	1.9
商　人	2	1	2	1	―	―	―	―	3	5.8
職　人	4	―	4	―	―	―	―	―	4	7.7
その他	3	―	3	―	―	―	―	―	3	5.8
合　計	39	8	43	4	2	3	2	3	52	100.0

(出典) 筆者調査(2005年3月)。

表1-16 広東省東莞市の日系企業2社,労働者の求人情報源(サンプル調査)

	GA社				GB社			
	職位別		戸籍別		職位別		戸籍別	
	生産職	事務・技術・管理職	農村戸籍	都市戸籍	生産職	事務・技術・管理職	農村戸籍	都市戸籍
親族情報	8	—	7	1	2	1	1	2
知人情報	12	7	19	—	2	2	1	3
新聞求人	—	—	—	—	—	—	—	—
職業紹介所(労働局)	4	—	4	—	1	3	3	1
学校求人	—	—	—	—	27	12	32	7
企業独自広告	29	7	32	4	—	1	—	1
合 計	53	14	62	5	32	19	37	14

(出典) 筆者調査(2005年3月)。

繰り返しているものとみられる。

　両企業の人事担当者から離職率について得た情報では,GA社ワーカーの離職率は月当たり8〜10%,年間で半数以上が離職するという。間接員の離職率は月3〜4%,年間にするとおよそ3分の1が離職する。GB社では,3カ月の試用期間に約10%,ワーカーで年間30〜40%が離職するとのことであった。具体的な数値データは得られなかったが,GA社では「高学歴者の離職がワーカーに劣らず激しい」(日本人スタッフ)とのことであった。GB社でも「ワーカーは単純労働なので短期の入れ替えでよいが,間接員には各種研修費も投入しており,彼らの技能形成と定着に期待している。専門職・技術職の高い離職率が悩みの種になっている」(日本人スタッフ)。「大卒クラスで仕事のできる優秀な人材ほど離職率が高い。おそらく高賃金を条件とする引き抜きだろう」(GB社中国人スタッフ)という。GB社は既述のように学校求人なので現職の労働者に転職経験者は少ないが,専門職の離職(転職)者が多く,上位の職層が定着しないことが労務人事の最大の課題となっている。

　表1-16は労働者の求人情報源に関するサンプル調査である。GA社のワーカー募集は専ら工場門前の求人広告であり,回答者はこれを「企業独自広告」と答えているが,実際には親族や友人からの情報で求人広告を出す工場に集まるといったケースも多いとのことであった。同社の人事担当者によ

れば,「2～3年前までは1人当たりの募集に対して毎日20～30人が応募してきたが,最近では10人程度に減少している。採用試験は簡単な面接と健康診断のみで,面接では工場・建屋の管理主体である村政府から「暫住証」の発行を受けるための身分証を確認する。健康診断では,細かな手作業なのでとくに視力検査の結果を重視している」という。GB社は,繰り返し指摘してきたようにワーカーは学校求人が原則であり,担当の中国人スタッフが職業高校に出向いて応募者の面接をする。「1回で20人程度を募集するケースが多いが,大抵100人以上の応募がある」という。事務・技術・管理職の採用は,両社とも一部は縁故採用,その他に広東省に独特の民間幹旋代理店(現地では「人材市場」と呼んでいる)を利用する場合もあるという。このように企業ごとにリクルートの方法は異なるが,いずれにしても市場の公的組織性は未成熟であり,給源の地域性も強い。参入する労働者の職業選択の自由度は著しく制約されていると言わざるを得ない。

4　日本的経営・生産システム

最後に日本的経営・生産システムの導入ないしはその定着度に関して,労働者の意識調査の結果,および日本人スタッフ・中国人管理職の見解を示しておく。表1-17が日本企業の優位性に関する労働者意識調査の結果を集約したものであり,このアンケートでは他の外資系企業との比較で日本企業の優位性を問うている(GA社・GB社の2社合計の回答者118人)。なお,GB社では転職経験を持たない労働者が多数を占めているため,他の外資系企業との比較が困難であったかもしれないが,さしあたり調査結果の特徴点を以下に示す。

第1に,評価の高い項目は両社の間でやや差異もみられるが,ほぼ共通しているのは⑥と⑦であり,職層や戸籍の別にかかわらず勤続年数・年齢による評価や集団労働を評価していることである。とくに生産職で評価が高いのは,その短勤続雇用の形態からしてやや奇異に思えるが,他の外資系企業とりわけ台湾系や欧米系の極端な短期雇用との比較での評価であろう。集団労働に対する評価については,地縁・血縁の同郷出身者が集団で就労できるこ

表 1-17 広東省東莞市の日系企業 2 社，日系企業の優位性に関する労

	GA 社			
	職位別		戸籍別	
	生産職	事務・技術・管理職	農村戸籍	都市戸籍
①長い期間働くことができる。	3	2	5	―
②基本賃金が高い。	3	1	4	―
③諸手当の給付が充実している。	4	1	4	1
④福利厚生が充実している。	4	2	4	2
⑤専門技術が早く身につく。	9	2	10	1
⑥勤続年数や年齢を重視して評価する。	15	2	17	―
⑦集団で仕事をする。	16	8	20	4
⑧いろいろな種類の仕事を担当できる。	5	―	5	―
⑨QC サークルが有益である。	2	4	5	1
⑩労使関係が安定している。	10	2	12	―
合　計	71	24	86	9

(出典) 筆者調査(2005 年 3 月)。

とが若年女性に選好されているのかもしれない。第 2 に，企業別の特徴点としては，GB 社で③の諸手当給付や④の福利厚生への評価が高くなっている。長時間残業による給与総額の増加(生産職の主な手当は残業代)，職員寮や食事(3 度の食事を会社が負担)への満足感を示すものと思われる。なお付言すれば，仕送り目的で出稼ぎする若年労働者の中には残業を強く希望する者も少なくないが，これは低賃金を前提とすれば長時間労働によって仕送り額を増やすしか方法がないからである。第 3 に，共通して評価が低いのは，②基本賃金，⑧複数の職務担当，⑨QC サークル，⑤技能形成などの項目である。他の外資系企業と比較して，日系企業の低賃金は広東省に限らず他の地方でも周知のところである。短期雇用の生産職労働者に日本的な多能工化や改善運動は元々期待すべくもないが，間接部門の労働者の評価も同様に低いことは企業側の期待に反していることになる。

　労働者の意識調査に加えて，日本的経営・生産システムの導入ないしはその定着度について，管理職スタッフの説明も紹介しておく。GA 社でのこの点に関する説明を列挙すれば，「ワーカーは 2 年を限度とする雇用が原則なので，専門的な技能は必要としない。職場で特別な技能訓練は実施しておら

働者の意識調査(サンプル調査，複数回答)

GB社				合　計		全回答者(118人)に占める選択率(%)
職位別		戸籍別				
生産職	事務・技術・管理職	農村戸籍	都市戸籍		構成比(%)	
7	3	5	5	15	7.1	12.7
3	3	4	2	10	4.7	8.5
16	3	15	4	24	11.4	20.3
14	7	11	10	27	12.8	22.9
3	1	3	1	15	7.1	12.7
8	6	9	5	31	14.7	26.3
12	2	10	4	38	18.0	32.2
2	3	4	1	10	4.7	8.5
4	2	4	2	12	5.7	10.2
7	10	8	9	29	13.7	24.6
76	40	73	43	211	100.0	—

ず，作業手順を教えるにはOJTのみで十分である」(中国人管理職)。「5S運動など簡単に実施できることは取り入れるが，多能工の養成や改善運動の本格的な導入は考えていない」(同管理職)。「間接部門の従業員は能力給重視の給与体系にしなければ働かない。集団主義や年功制を重視した日本的経営は導入していない」(日本人スタッフ)。またGB社では，「中国人は自己主張が強く，個人主義的で何よりも賃金に関心を示す。それ以外の職場環境や労働条件は二の次なので，経営側もそのように対応せざるを得ない」(日本人スタッフ)。「優秀な人材の定着には，福利厚生の充実も必要だが，何よりも能力・技能を評価した高賃金が必要だ。日本的な年功制が入り込む余地はない」(同日本人スタッフ)などの見解が示された。

おわりに

本章は，広東省に独特の委託加工方式による外資主導の開発と，その下で形成されてきた労働市場の特質の解明を課題とした。明らかにしえた論点を，「はじめに」でも触れたような中国の他地域やアジア各国との比較の視点か

ら，再度整理してまとめに代えたい。

　広東省への直接投資は，時系列でみると独資の比重を増しつつ，また珠江デルタの電機・電子産業，広州の自動車産業といった分業関係を伴いながら，香港の国際金融と直接リンクした開発拠点としての位置を維持している。独資の増大や自動車産業の拠点化は，開放当初のような輸出加工区型から国内市場を視野に入れた開発戦略へのシフトであり，この点では上海市や大連市などの開発拠点と同様の性格を持つに至っている。しかし他面では，広東省に独特の委託加工方式もその運用面で一定の変容を伴いつつ，なお初期投資のリスク軽減のメリットから一定の構成比をもって維持されている。運用面での変化は，再輸入手続きの簡素化や労働力調達の方法などであり，労働市場との関連では，労働力の調達や管理責任が行政当局から企業側に移り，その供給源や雇用方法に一定の変容がみられる。

　企業内の労働力編成でまず注目すべきは，生産労働が内陸農村部＝農村戸籍の若年女性労働者によって担われていることであろう。彼女らは短期雇用が原則であり，当地の最低賃金に近い賃金水準で長時間就労し郷里への送金に励むが，就労による技能形成の展望を欠いた単純労働力群である。生産現場では，複雑な職階や職能資格制などはなく，したがって人事考課によって昇進＝昇給することもない。そこでは，厳しい監督と規律の下に割り当てられた単純労働が繰り返されている。内陸の農村戸籍の若年層が，いわば出稼ぎ形態の還流型労働力移動で開発当初から広東省に大量流入したのは，本文で指摘したような広東省の置かれた特異な位置づけによるものである。上海市のように下崗労働者の再雇用を最優先課題として農村戸籍者の労働市場への正規参入を制約している開発拠点とは，労働力の給源構造が大きく異なる。

　このような生産職労働者の雇用方法を，筆者のこれまでのアジア各国の事例分析に基づいて国際的な視野で比較検討すると，例えばインドネシアのバタム島開発区の若年女性労働者，あるいは労働力不足で悩むマレーシアやシンガポールの外国人労働者の就労に比定しうる。バタム島はシンガポール主導の「成長の三角地帯」の生産拠点を成し，工業団地には電機・電子産業を中心に日系企業とシンガポール系企業が大挙して入居している。そこで需要

する生産職の労働力はインドネシア全国から調達した若年女性であり，2年契約の短期雇用，現地の最低賃金で就労させる。特別の技能を要しない量産工程の長時間単純労働であり，労働力の流動性は極めて高いが，企業にとってコスト削減の大きなメリットがある(宮本：2001)。マレーシアやシンガポールの外国人労働者は，周辺国から流入するインドネシア人，バングラデシュ人，ミャンマー人，タイ人，フィリピン人，中国人(大陸中国からの出稼ぎ者で東南アジア華人ではない)などであり，若年男性の農園労働や建設労働の他に，労働力不足から最近では若年女性の製造業への参入も増加している。程度の差はあるが，やはり短期雇用，低賃金，長時間単純労働を共通の特徴としており，外国人は現地人労働者(高学歴の専門職労働者や現地人の生産職労働者)とは雇用形態で区別され，労働力の需給調整のバッファーとしても活用されている(宮本：2002)。これらの労働力群は，国際化した重層的な労働市場の底辺に参入し，国際的な労働力の格差構造の底辺に位置している。このように，広東省の生産職労働者とほぼ同質の労働力群をアジアの他地域に求めると，広東省の場合は中国の国内農村部を労働力の主たる給源としている点で異なるものの，労働市場形成のメカニズムには共通点が看取され，市場形成を通して労働力の格差構造が顕在化していると言えよう。

次に間接部門の労働力群について付言しておくと，彼らは高学歴の専門職であり，生産職とは異なり企業側がその技能形成と長期定着を期待する労働力群であるが，実際には離職・転職率が高く，経営の現地化も容易ではない。広東省では，専門職労働者の定着化策として，福利厚生の充実などの施策の他に戸籍転換の企業割当なども利用されているが，調査企業をみる限り，企業の期待に反して彼らの流動性は高いようである。日本的な職能資格制度に基づく昇進＝昇給に対する不満，能力に応じた処遇を期待する個人主義的な中国人の労働観がおそらくその根底にあり，日本的な労務人事管理を嫌って流動化する者も少なくないのであろう。

以上のような日本企業の広東省における生産基地化は，日本的経営・生産システムの導入に際しても様々なディレンマを内包することになる。生産現場では，上記のような雇用形態ゆえに，日本的生産システムのメリットとさ

れてきた現場の集団主義的な自発的改善運動や多能工化などの導入は初発から問題となりえない。そこでは徹底したコスト削減が第一義的課題だからである。導入が可能なのは，生産設備・作業編成・労働力配置などの主に制度面が中心とならざるを得ない。日本的な職場秩序の導入が期待されるのは，むしろ間接部門の専門職労働者に対してであろう。間接部門の人事考課に基づく処遇では，現地人の労働観にも配慮して能力評価にウエイトを置いた査定に変更する企業も増加しているようであるが，昇進＝昇給の遅さ，高学歴の専門職といえども相対的な低賃金は日本企業の評価を低くしている主因である。また，長期雇用を前提とした企業内の技能訓練も，純粋の技術訓練に止まらず，日本的な集団主義的人間関係や職域の無限定化を伴うものであれば，個人主義的な職務意識と対立することになる。これも経営の現地化を困難にしている要因となる。

　こうして日本的経営・生産システムの「アジア的適応」は，広東省の場合もやはり，一面ではコスト削減というその主たる進出動機，他面では現地社会の制度的要因や労働者の労働観，この両面から内実化されることになる。その現地労働市場へのインパクトは，端的に総括すれば労働力の格差構造の顕在化であり，それは中国国内の地域格差・所得格差と相互に規定しあう関係にあろうと考えられる。つまり，農村・都市間の所得格差を背景として，都市労働市場に参入する労働力の学歴・技能による階層化・序列化が，日系企業のような外資系企業の経営・生産システムの「アジア的適応」によって相乗され，一層の労働格差を顕現させているのである。

（注）
1) 輸出額では委託加工も増加しているが，この点で注意を要するのは，委託加工での輸出増が統計上国有部門の輸出増となって現れることである。委託加工生産では，進出した外資系企業に輸出権限がなく，一旦現地の国有公社を通して輸出されるため，統計上は国有部門の輸出増となる。
2) 広東省は上位の行政区分から順に21地級市，26県級市，42県，3自治県，52市轄区，1458市轄鎮，25郷から成る。東莞市のように市（地級市）の下位は28市轄鎮で中間の行政区分を持たない市もある（2002年現在，広東市統計局編：2003）。

第 2 章
中国・上海市の日系企業と労働市場
――浦東新区の事例分析――

はじめに

　本章の課題は，上海市・浦東新区内の日系企業を事例として，現代中国の労働市場の地域特殊性の一端を明らかにし，同時にその労働市場が内包する特異な労働格差の一端を剔出することである。上海市労働市場の今日的特徴を分析する際の注目点は，「改革・開放」政策と労働市場形成の連関であり，とりわけ国内改革の最大の課題のひとつである国有企業改革と，開発政策によって新たに形成されつつある労働市場との相互の連関である。この点で上海市を中核とする長江デルタ経済圏の開発は，前章でみたもうひとつの開発拠点である広東省の珠江デルタ経済圏とは大きく異なる特徴を持っている。国際金融都市としての香港の資金力に依存して「改革・開放」の実験場となった珠江デルタでは，大規模国有企業がほとんど存在せず，元は人口希薄な農漁村地帯であったため，需要する大量の労働力は省外の内陸農村部から調達した。これに対して国有企業が一定の構成的比重を占め，しかも人口稠密な長江デルタは，開発の初期条件が異なっていたのである。

　本章で取り上げる日系企業も国有企業との合弁で進出しており，大幅に整理縮小された国有企業に代わって，主に国内市場向けの食品関連企業として経営の主導権を握っている（企業調査は2005年9月に実施）。外資系企業が国有企業の経営を継承したケースとして注目してみたいが，ここで国有企業改革と国内労働問題とが構造的にどう連関しているのか，筆者の数次にわたる中国各地の調査（2000～2005年）で得た情報に基づいて整理してみると，およそ以下のようになる。

　既述のように中国国内改革の最大の課題のひとつは依然として国有企業改革であり，主に中小規模の国有企業を中心にリストラはすでに様々な方法で実行に移されている。筆者がこれまでに調査した上海市，浙江省，北京市，広東省などでも，単なる倒産による処理の他に，私営企業への完全な衣替え，外資系企業との合弁，外資による買収などの方法でリストラが行われていることが明らかになった。いずれの場合も社会主義時代に抱え込んだ大量の企業内余剰労働力の処理が最大の課題であり，その結果，大量の下崗労働者

(レイオフ労働者，中国では職場復帰の先任権がないという意味で事実上の失業者)の再雇用問題が同時に深刻となっている。都市によって程度の差はあるが，大都市の労働局は元国有企業労働者の雇用問題を優先課題として，現地資本の私営企業ばかりでなく外資系企業に対しても元国有企業労働者の優先的雇用を強力に行政指導している。下崗労働者を再雇用することが，新規企業(外資系企業や私営企業)の設立条件となる場合も少なくない。しかも国有企業は正規雇用であれば都市戸籍者を雇用するのが原則であったから，元国有企業労働者の優先雇用は都市戸籍者優先の雇用政策を意味している。上海市などはその典型例であり，地方から流入する農村戸籍の求職者は，「暫住証」の発行制限，正規職への雇用制限，子弟の教育制限など，様々な方法で労働市場への参入を制約されている。

以上のような事情から，国有企業を継承した今回の調査企業は，中国国内の労働＝雇用問題と直接リンクする側面を持っている。以下では，2000年に浦東新区の特別開発区で実施した調査例や浦東新区とは異なる市内の開発区の調査例との比較にも留意しながら，当該企業をめぐる労働市場とそこで顕在化している労働格差の諸特徴を検出してみる(図2-1を適宜参照)。なお，上海市労働市場に関する先行研究の動向は前著(宮本：2002)でやや詳しく検討しているので，重複を避けて本章では割愛する。同著を参照されたい。

I　浦東新区の開発と労働力編成

前著でも指摘したように，上海市は，「改革・開放」政策の歴史では広東省に遅れをとったものの，いまや香港と並ぶ金融・情報・経営管理のハブ都市であり，江蘇省・浙江省と一体化した長江デルタ経済圏は，香港と直結した広東省の珠江デルタ経済圏とともに現代中国における経済開発の双璧を成している。その上海市内にあって，最大の開発拠点となったのが浦東新区である。

浦東新区は，1990年に国務院が承認した総合開発区で，総面積は500 km²を超える全国でも有数の巨大開発区のひとつである。全域に経済特区なみの

図 2-1 上海市および浦東新区

優遇措置が与えられ，当初より長江デルタ経済圏の中枢に位置づけられた。区内には外高橋保税区，金橋出口加工区，陸家嘴金融貿易区，張江ハイテク区の4つの重点開発区が設置されたが，外資系製造業の進出先としては前2者が中心となった。

　以下ではまず，公表の統計データに拠りながら，上海市（および上海都市圏）と浦東新区への外国投資，就業者構成の概要をみておく。

　外国投資動向に関する本章執筆時の最新データによれば，2003年の上海市への外国投資総額は55億ドル（実行ベース），省・直轄市別では江蘇省，広東省，山東省に次ぐ第4位の規模であるが，上海市・江蘇省・浙江省の合計でみると210億ドルとなり，珠江デルタを抱える広東省の78億ドルを凌駕することになる（国家統計局編：2004）。

　上海市の国別外国投資は，2002年末時点の累計実行ベースで香港が121億ドルでトップ，次いで日本が52億ドルで第2位，以下アメリカ（50億ド

表 2-1 上海市および浦東新区，主要日系企業の業種別構成（2004年）

	上海市	浦東新区			
		外高橋保税区	金橋出口加工区	その他	合計
製造業	638	50	22	95	167
食品	25	–	–	5	5
繊維	95	5	1	11	17
電気機器	91	18	12	23	53
輸送機器	130	–	1	7	8
非製造業	625	116	1	104	221
卸売・小売	378	94	–	68	162
金融	5	–	–	–	
合計	1,263	166	23	199	388

（出典）21世紀中国総研編[2005]より作成．

ル），台湾（21億ドル），シンガポール（17億ドル）の順となる（上海市統計局編：2003）。周知のように香港の中国大陸投資に関するデータは香港経由の外資を含むので，香港ローカルの直接投資はその一部とみられる。2003年の全国統計の国別投資では，香港，韓国，台湾，アメリカに次いで日本は第5位であるから，全国レベルに比しても上海での日本の存在感は大きいと言えよう。

次に浦東新区への外国投資をみると，2002年末時点の契約ベース累計で香港38億ドル，アメリカ35億ドル，日本27億ドルの順でこの上位3者の投資額が突出して大きく，第4位のシンガポール（6億6000万ドル）以下を引き離している（上海市浦東新区統計局編：2003）。浦東新区においても，日本はアメリカと競いつつ直接投資の主役の地位にある。

表2-1は，上海市および浦東新区における主要日系企業の業種別構成である。上海市への日系企業の進出は，製造業とともに既述のハブ都市的機能から物流の拠点としての性格も強まり，サービス業種の比重も大きい。浦東新区では，外高橋保税区に入居すれば製品の現地国内販売や貿易のみの業務も可能であることから，その進出件数が多くなっている。保税区や輸出加工区には特別の優遇措置が設けられ，独資・合弁のいずれの形態にしても新規の現地法人設立が原則となる。これに対して国有企業の買収やその敷地・設備を再利用するような場合は，必ずしも保税区や輸出加工区にこだわらず，浦

表 2-2　浦東新区の企業形態別就業者構成

	1993 年		2002 年	
		構成比(%)		構成比(%)
国有企業	597,417	75.7	276,876	39.4
集団企業	84,811	10.8	33,390	4.8
その他	106,593	13.5	391,683	55.8
(外資系企業)	-	-	(160,884)	(22.9)
合　計	788,821	100.0	701,949	100.0

(注)　個人企業・自営業等の就業者は含まない。
(出典)　上海市浦東新区統計局編[2003]。

表 2-3　浦東新区，工業部門の構成(2002 年)

	企業数	就業者数	生産額(万元)
1　10 分区(街道)	161	110,715	4,548,688
2　13 鎮	3,807	283,572	6,212,935
3　特別開発区	335	95,848	11,176,592
金橋出口加工区	167	37,882	3,443,059
外高橋保税区	151	52,620	7,285,919
星火開発区	17	5,346	447,614
合　計	4,303	490,135	21,938,215

(出典)　上海市浦東新区統計局編[2003]。

東新区全体が経済特区なみの優遇措置で外資を受け入れているので，特別開発区以外の工業地帯に進出する日系企業も少なくない。

　以上の直接投資の動向から，上海および長江デルタ経済圏において日・米を中心とする外資主導型の開発が労働市場の形成を促したとみられる。表2-2 は，浦東新区における企業形態別の就業者数の推移を示したものである。浦東新区が稼働しはじめて以来十数年の推移は，国有企業・集団企業の就業者の激減，これと対照的に外資系企業を中心とする民間企業就業者の増加である。表 2-2 は主要企業の形態別データで自営業・個人企業などの就業者を含まないが，『浦東新区統計年鑑 2003』によれば，2002 年の浦東新区の労働力人口は 120 万人(同年の上海市労働力人口 792 万人の約 15%)である。

　本章では製造業を対象とするので，最後に表 2-3 で浦東新区の工業部門の構成を地区別にみておく。外資系企業が集中する特別開発区では，企業数・就業者数に比して生産額の構成比が高く，外資系企業の生産性の高さを裏付

けている。分区(街道)・鎮では外資系企業の他に，現地資本の中小規模企業も多数操業している。今回(2005年9月)の調査企業は，前回(2000年9月)の特別開発区(外高橋保税区と金橋出口加工区)での調査企業とは異なり，分区(街道)のひとつに立地して，元国有企業の敷地・工場建屋などを再利用して操業している。次に当該企業の労働力の需給構造，日本的経営の適応度などの分析に移る。

II 日系企業 SA 社の事例分析

1 調査企業の概要

SA 社は，日本の大手食品メーカーと同業の中国国有企業との合弁企業として 1995 年に設立された。資本金は日本側が親会社 90％，大手商社 6％，中国側が 4％であり，資本金の構成が示すように実際の生産・経営はすべて日本側に任されている。それでも合弁の形態をとるのは，国有企業の整理・縮小に伴う下崗労働者の雇用を確保したいという中国側の要請，もうひとつは製品の 100％が中国国内販売であるため，流通・販売面で中国側の協力を得たいからである。正規労働者 352 人のうち 100 人が元国有企業労働者で，上海市の下崗労働者の雇用対策から同社が引き受けている。合弁相手の国有企業は大規模なリストラで労働者の約 70％を解雇しており，その下崗労働者のうちの 100 人を SA 社が再雇用したのである。

同社は浦東新区に設置された保税区や輸出加工区ではなく，一般の工業地帯に立地しているが，これは原料調達が現地 100％，販売も中国国内市場 100％という経営方針ゆえに，原料輸入や製品輸出の恩典を必要としないこと，また元国有企業の敷地をそのまま使用し，原料調達や流通・販売でも中国側の協力が得られる進出形態を選択したためと思われる。問題は，労務人事管理の側面で中国側の要請に応じて元国有企業労働者を大量に抱えていることである。

表 2-4　上海 SA 社，労働者の職位構成

	性別			戸籍別		
	男性	女性	合計	農村戸籍	都市戸籍	合計
取締役	1	-	1	-	1	1
管理職	6	1	7	-	7	7
技術職	15	3	18	-	18	18
事務職	30	16	46	1	45	46
職長・班長	23	-	23	2	21	23
正規生産職	213	44	257	33	224	257
臨時工	95	111	206	170	36	206
合計	383	175	558	206	352	558

(出典) 筆者調査(2005年9月)。

2　労働力の需要構造

既述のように前身の国有企業から継続して就労している者が100名，彼らはすべて正規労働者として雇用されている。彼らの職位別・年齢別・性別等の詳細なデータ収集は許可されなかったが，「国が契約労働制を導入しても，元国有企業労働者には事実上終身雇用を保証せざるを得ず，SA社設立後の新規採用の労働者とは異なる労務管理が必要」(日本人スタッフ)，「元国有企業労働者は，元の国有企業から選抜された人々で，下崗労働者に比べて優秀との自負も強く，終身雇用が当然との意識を持っている」(中国人スタッフ)という。職能資格制度に基づく昇進＝昇給システムは全労働者に対して形式上一律に適用されているが，元国有企業労働者には終身雇用を前提とした人事管理が実施されている。日本人管理職の説明によれば，彼らの多くは40歳代以上の年齢層であり，人事考課で評価が低くとも実質的には解雇の対象とならず，経営側がたとえ過剰人員とみなしても抱え込まざるを得ない。つまり，国有企業時代と同様の余剰人員問題を外資系企業が肩代わりすることにもなる。

表2-4に全労働者の職位構成を示している。正規生産職および間接部門の事務・技術・管理職は，国の契約労働制に準拠して1〜3年の契約で就労するが，「特別の問題がない限り契約は自動的に更新する」(日本人スタッフ)という。具体的なデータは得られなかったが，号俸による職階を定めた職能資格制度を導入しており，1年ごとの定期的な人事考課によって昇進＝昇給す

表 2-5　上海 SA 社，労働者の学歴別構成

	労働者数	構成比(%)
小学校卒	–	–
中学・普通科卒	233	41.8
中学・職業科卒	173	31.0
高校・普通科卒	71	12.7
高校・職業科卒	46	8.2
短大・専門学校卒	–	–
大学卒	35	6.3
合　計	558	100.0

(出典)　筆者調査(2005年9月)。

る。要求される職務を果たす限りは，自己都合での離職を除けば長期就労も可能である。

　これに対して臨時工は，数カ月〜1年単位の雇用を原則としており，勤務成績が評価されて更新を繰り返し，「2〜3年就労する者もいるが，平均勤続年数は1〜2年である」(日本人スタッフ)。就労中の福利厚生は原則として正規生産職と同様だが，昇進の展望はなく，短勤続の不安定就業者である。臨時工は農村戸籍者に多く(戸籍問題は後述)，しかも女性比率が高いことも特徴的であり，戸籍別・性別の一定の分業＝就労格差が存在することにも注目しておきたい。

　表2-5は労働者の学歴別構成であり，生産職は中卒・高卒レベルを多数採用している。調査時の日本人スタッフの説明によれば，生産職の新規採用は高卒者を原則にしているという。同社に中卒者も多いのは，元国有企業労働者の受け入れや工場の操業開始時に中卒者も含めて大量雇用したことによる。事務・技術・管理職は原則として大卒者を採用するが，事務部門では高卒者も一部採用する。

　職位と学歴の相関について言えば，直接部門の正規生産職は人事考課によって昇進＝昇給が可能であり，一定の勤続年数の就労経験を前提に，勤務評価によって昇進のスピードが異なる。例えば勤務成績が優秀であれば，3〜5年で班長クラスへ，5〜10年で職長へ，というように職階を昇ることになる。人事考課では勤続・職務・能力がほぼ同じウエイトで総合的に評価さ

れる。ただし，優秀な人材でも間接部門へ移動させた例はまだないとのことであった。同じ直接部門でも臨時工は短勤続を前提としているので，昇進の見込みはなく，技能形成を通して職務内容が高度化する展望もない。一方，間接部門の事務・技術・管理職は，直接部門とは採用要件の学歴・技能水準が異なる。入職後は，やはり所定の人事考課（細目は異なるが，勤続・職務・能力の評価ウエイトは直接部門とほぼ同様）によって昇進＝昇給が決まるが，専門的知識を要するポストは内部昇進に拠らず外部から補充することも少なくないという。直接部門が閉鎖的な内部労働市場を形成しているのに対して，間接部門では外部労働市場との接触も常に保って人事管理が行われている。この点は，後述の専門職労働力の流動性に関連する事柄である。

以上を要するに，分節的な内部労働市場，正規労働者に対する日本的な職能資格制度に基づく昇進＝昇給システム，短勤続の臨時工による労働力の需給調整，上位職に関しては外部労働市場への開放性，などがSA社の特徴として指摘できよう。前著で指摘したような，浦東新区・特別開発区の日系企業にみられる分節的内部労働市場と限定的能力主義の基本点が同社でも確認しうる。

3 労働力の供給構造

次に労働力の供給源の検討に移る。労働者49人のサンプル調査によれば，その出身地の内訳は上海市が46人で圧倒的に多く，上海市以外は湖南省1人，江蘇省1人，雲南省1人の3人のみであった。その出身世帯構成を示したものが表2-6である。出身世帯の区分は，筆者が過去に実施したアジア各国および中国他地域での調査例と同様に，親の職業による分類である。農家世帯と国有企業労働者世帯でほぼ5割を占める。

生産職では農村出身者が多く，そのほとんどが農村戸籍者であるが，注目すべきは彼らが地元の農村部の出身者であり，他省出身者は少数だということである。他省出身の農村戸籍者は，前述の湖南省と雲南省の出身者の2名のみである。他の農村戸籍者は，浦東新区内の農村部に居住している。なお，表2-6にみられる農家出身者で都市戸籍を取得している者は，大学進学や企

表2-6 上海SA社,労働者の出身世帯構成(サンプル調査)

	職位別		戸籍別		合計		備考	
	生産職	事務・技術・管理職	農村戸籍	都市戸籍		構成比(%)	2000年調査 浦東新区2社(%)	2004年調査 松江工業区1社(%)
農 民	10	3	11	2	13	26.5	5.1	21.9
国有企業労働者	7	5	2	10	12	24.5	64.1	23.4
郷鎮企業労働者	6	1	7	−	7	14.3	2.6	7.8
私営企業労働者	6	1	3	4	7	14.3	5.1	25.0
外資企業労働者	2	−	2	−	2	4.1	3.8	4.9
公務員行政職	1	−	−	1	1	2.0	6.4	7.8
軍 人	1	−	−	1	1	2.0	1.3	−
教 師	1	3	−	4	4	8.2	5.1	−
個人企業経営者	1	−	−	1	1	2.0	−	−
商 人	−	1	−	1	1	2.0	−	3.1
その他	−	−	−	−	−	−	5.1	6.3
合 計	35	14	25	24	49	100.0	100.0	100.0

(出典) 筆者調査(2005年9月)。

業割当などによる戸籍転換の特例措置によるものと思われる。

　農村戸籍者についてなお付言すれば,上海市では元国有企業労働者の再就職問題が深刻であることから,外資系企業に対しても下崗労働者の雇用優先を労働局が奨励している(事実上強制の場合もある)。換言すれば,地方の農村戸籍者の上海流入を雇用の側面から制約しており,地方の出稼ぎ労働者が定職に就くことは容易ではない。この点は,地方の出稼ぎ労働者が外資系企業の生産職の圧倒的多数を占める広東省・珠江デルタなどとは事情が大きく異なる。それゆえ調査企業でも,農村戸籍者は大半が上海市出身者で占められる。彼らの出身農家について詳しいデータは得られなかったが,農村戸籍者の労働者からの聞き取りによれば,農家の主たる稼ぎ手が外資系企業などに就職すると,農業経営は地方の親族などに任せて耕作地の賃借料を得るケースが多いという。筆者が訪問した農家(調査企業の生産職＝農村戸籍労働者の実家)でも,農業経営は同居する地方出身の血縁者にすべて任せていた。農業では蔬菜などの市場向け換金作物を主に栽培しており,農業に従事する地方出身者も内陸部での農業より現金収入という点ではるかに有利である。大消費市場である上海市での農業という利点を活かしているとも言える

表 2-7　上海 SA 社，労働者の転職状況(サンプル調査)

	職位別		戸籍別		合計		備考	
	生産職	事務・技術・管理職	農村戸籍	都市戸籍		構成比(%)	2000年調査浦東新区2社(%)	2004年調査松江工業区1社(%)
転職なし	8	5	3	10	13	26.5	39.8	14.1
転職1回	9	3	6	6	12	24.5	30.1	17.2
2回	10	4	9	5	14	28.6	17.2	39.1
3回	6	2	6	2	8	16.3	11.8	17.2
4回	2	-	1	1	2	4.1	1.1	7.8
5回以上	-	-	-	-	-	-	-	4.7
合計	35	14	25	24	49	100.0	100.0	100.0

(出典) 筆者調査(2005年9月)。

が，地方の農村出身者は上海市の労働市場への参入が制約されており，農業の請負労働のような形態での流入がひとつの典型を成しているのである。

　次に労働者の転職状況(サンプル調査)を表2-7でみる。転職者比率の高さは筆者の上海市での他の調査例と同様であり，今回の調査企業では7割を超える労働者が転職を経験している。職位別・戸籍別でみると，生産職・農村戸籍者の方がやや比率が高く，専門職の都市戸籍者の方が定着度が高いようにみえる。この点に関して，スタッフの説明で補足しておこう。

　「元国有企業労働者でも比較的転職が容易な，若年の高学歴層で専門職の労働者が離職している」(中国人管理職スタッフ)。「離職率は生産職の方が高く，年率10％程度，事務・技術・管理職は生産職より定着率はいいが，一部の優秀な人材が外資系企業のヘッド・ハンティングで引き抜かれることがしばしばある。転職先は欧米系の企業が多い」(日本人スタッフ)。

　職位別の平均値では生産職の流動性が高くとも，若年層の専門職あるいは勤務成績優秀者の流出が経営側にとっては人材育成という点で問題視されている。

　転職経験者のキャリアパターンの一端をみるために，転職経験者の前職をサンプル調査した結果が表2-8である。既述のように元国有企業労働者を再雇用しているため，国有企業での就労経験者が多くなっている。上海市の他の調査企業との比較で言えば，2000年に調査した外高橋保税区と金橋出口

表 2-8　上海 SA 社，転職経験者の前職(サンプル調査)

	職位別 生産職	職位別 事務・技術・管理職	戸籍別 農村戸籍	戸籍別 都市戸籍	合計	構成比(%)	備考 2000年調査 浦東新区2社(%)	備考 2004年調査 松江工業区1社(%)
農　民	－	－	－	－	－	－	－	－
国有企業労働者	11	3	2	12	14	42.4	60.0	14.0
郷鎮企業労働者	7	－	7	－	7	21.2	10.9	－
私営企業労働者	4	－	3	1	4	12.1	3.6	14.0
外資企業労働者	3	3	2	4	6	18.2	20.0	66.0
公務員行政職	－	－	－	－	－	－	3.6	－
軍　人	－	－	－	－	－	－	1.8	2.0
教　師	－	－	－	－	－	－	－	－
個人企業経営者	1	1	2	－	2	6.1	－	4.0
商　人	－	－	－	－	－	－	－	－
その他	－	－	－	－	－	－	－	－
合　計	26	7	16	17	33	100.0	100.0	100.0

(注) 転職経験者のうち，前職判明分のみの集計。
(出典) 筆者調査(2005年9月)。

加工区の日系企業では，元国有企業労働者の優先的雇用を市の労働局が強力に行政指導しており，労働者の6割が元国有企業労働者によって占められていた。松江工業区の日系企業では浦東新区ほど徹底した労働局の指導はみられず，むしろ地元出身者による外資系企業間の流動化が特徴的であった。このように上海市の内部でも地域差を伴うのであるが，市当局にとって下崗労働者の再雇用問題が最優先課題であり続けていることは疑いない。

　労働者の求職行動の一端を知るべく，入職時の求職情報源をサンプル調査した結果が表2-9である。他の2回の調査例と比較しても地縁・血縁の縁故採用がそれほど大きな比重を占めていないこと，生産職，農村戸籍の労働者ほど職業紹介所への依存度が高いこと，専門職，都市戸籍者では新聞求人や学校求人の利用率も高いことなどから，市場の一定の組織性を指摘しうるが，労働者の圧倒的多数が上海出身者によって占められ，他省出身者に対してはなお戸籍による雇用差別がみられる。その結果，学歴や技能による格差のみならず，労働者にとっては所与である出身地＝戸籍による就労の格差構造が顕在化していると言えよう。

表 2-9 上海 SA 社，入職時の求職情報源(サンプル調査)

	職位別		戸籍別		合　計		備　考	
	生産職	事務・技術・管理職	農村戸籍	都市戸籍		構成比(%)	2000年調査浦東新区2社(%)	2004年調査松江工業区1社(%)
親族情報	3	2	3	2	5	10.2	3.2	10.9
知人情報	4	1	3	2	5	10.2	18.1	23.4
新聞求人	3	3	1	5	6	12.2	24.5	6.3
職業紹介所(労働局)	21	3	15	9	24	49.0	11.7	39.1
学校求人	-	3	1	2	3	6.1	17.0	6.3
企業独自広告	4	2	2	4	6	12.2	25.5	14.1
合　計	35	14	25	24	49	100.0	100.0	100.0

(出典) 筆者調査(2005年9月)。

4　日本的経営・生産システム

最後に，日本的経営・生産システムの導入・定着に関する諸問題について，今回は労働者へのアンケート調査が許可されなかったので，中国人の管理職・事務職の労働者数名へのインタビューから得た情報に基づいて検討してみる。

生産職の作業現場では，日本国内の工場とほぼ同様の機械設備や作業員配置で生産工程が組織されている。生産職の職務は，「ラインにもよるが1週間から長くても1カ月以内のOJTによって，必要とされる作業手順は修得できる」(中国人管理職スタッフ)とのことで，生産職は正規工・臨時工ともに作業内容に大きな差異はなく，反復作業の単純労働が原則であった。作業員にはその職務範囲が明確にされており，この点では不確定な職域や自発的な多能工化，集団主義的職域設定といった，かつて日本的生産システムのメリットとされたような典型的な職場作りはみられない。製品の品質管理については，TPM(総合生産保全)システムの導入が試みられ，品質保全部会を組織してその専業的な活動によって品質管理するという方法がとられており，現場作業員全員によるQCサークルの活動も実施していない。

一方，間接部門のホワイトカラー層には，OJTの他に配属部署に応じて研修制度を設けて一定期間の技能訓練を実施し，専門領域の職務を修得させている。事務職・管理職のスタッフからは日系企業の労務人事管理について

の率直な意見を聞くことができたので，以下紹介しておく。

「日本企業の労働者の雇い方は中国の国有企業と似たところがあって，元国有企業労働者には好まれているが，能力があっても昇進が遅く，能力が賃金に反映しない」(中国人管理職Ａ氏)，「上海でも大卒の就職難が深刻なので，自分の日本語能力を活かして日系企業に就職したが，できれば能力しだいで高給が得られる欧米系企業に転職したい。職場の仲間の間でも，高賃金の欧米系企業への転職を希望する者が少なくない」(中国人管理職Ｂ氏，日本留学の経験有り)，「長期の雇用保証，福利厚生や技能研修制度の充実などは評価できるが，能力主義評価への思い切った切り替えを行わないと管理職・技術職の定着は難しいのではないか」(中国人管理職Ｃ氏)，「日本人駐在員は職場のチームワークを重視するが，職場ばかりでなく就業後の飲食やカラオケの付き合いまで要求されるので，中国人従業員の間では評判が悪い」(中国人事務職Ｄ氏)。

一方日本人スタッフには，生産現場における日本的な労務管理と生産システムの定着度について聞き取りを行ったので，主な発言を紹介しておこう。

「生産現場の技能形成では，高技能者が部下に習得した技能を伝えようとしないことが問題。これは中国人の個人主義的な思考様式によるものだろうか」，「中国人の職長・班長クラスへの職務権限の委譲が課題のひとつだが，どこまで委譲できるかの判断が難しい。最終的なチェック機能を日本人スタッフに残すにしても，委譲の範囲をマニュアル化しないと中国人には理解できないだろう」，「生産現場では多能工化や改善運動のリーダーを養成したい。技能修得の度合いなどをみていると，労働者の質という点で日本の工場労働者と変わりはないが，中国人は職務範囲が不明確になることを嫌うので，日本の工場とは異なる工夫が必要だ」。

以上のような発言を参照すると，日本的な年功的職場秩序は，現地の実状に即して大幅に改編することが課題になっていると言えよう。他の外資系企業(とくに欧米系のそれ)と比較して日本企業は賃金(基本給)が低く昇進＝昇給が遅い，というのはほぼ定まった評価であり，長期雇用や福利厚生への評価が高くとも，なお労働者の流動性が高くなっている要因のひとつである。

中国人の個人主義的な労働観だけが雇用の流動性を高くしている要因ではない。技能形成に関しては，企業内でのみ通用するような技能体系の特殊化は，日本的な年功制や集団主義が受け入れられない環境では，むしろそれを嫌う労働者の流動性を促進する要因になる。技術移転の観点からしても，汎用的な技術体系や経営ノウハウの積極的導入の方が日本企業の評価を高めるのではなかろうか。

おわりに

　本文でも指摘したように，本章の調査対象であるSA社では調査可能な項目が限定されたために，重要な論点にもかかわらず子細に検討できない事項もあった。とくに元国有企業労働者の職位別構成や年齢・性別構成，人事考課の項目内容，職位別・性別の賃金構成などの詳細なデータが得られず，これらの不十分な点は次回の調査で補充したいと考えている。なおこれらの不備を補足するべく，今回の調査では，インタビューに応じてくれた中国人の管理職や事務職の労働者から，数値データではないが可能な限り関連項目についての情報を得るように努めた。

　限られたデータの収集ではあるが，本章で明らかにしえた論点を「はじめに」で設定した課題に即して再度整理すれば，およそ以下のごとくである。

　調査企業のような日系企業の分節的な内部労働市場は，中国国有企業で長く就労してきた元国有企業労働者の再就職先としては，比較的参入しやすい職場であったかもしれない。つまり，一見すると年功的処遇や閉鎖的な内部労働市場は，旧来の国有企業の雇用慣行と類似するように思えるからである。しかし，アジアに展開する日系企業にほぼ共通する内部労働市場の分節性は，直接部門と間接部門の間でかなり明確な昇進システムの分断を伴っており，しかも今回の調査企業のように専門職労働者の人材不足が深刻な企業では，間接部門が外部労働市場にも開かれて，必ずしも硬直的な内部労働市場が成立しているわけではない。

　一方，元国有企業労働者の再雇用に協力せざるを得ない日系企業は，新規

採用の労働者とは異なる雇用ルールを事実上彼らに適用することになる。都市戸籍者優先の雇用という点では新規採用者も同様だが，都市戸籍者に限っても採用後の処遇が実質的に二元化する。つまり，形式上は国基準の契約労働制を全労働者に適用しても，元国有企業労働者に対しては実質的には終身雇用を保証することになるからである。しかも，本文で指摘したように同じ元国有企業労働者でも優秀な若手は離職率が高く，企業内に長期就労しているのは中高年者であり，人材活用の面で効率的とは言えない。給与面では年功部分で高齢者の方が割高となる。

　さらに戸籍問題の側面から企業内の労働者編成をみれば，地元の農村戸籍者は臨時工に多数採用されており，勤続保証・賃金・福利厚生等の諸点で都市戸籍者と農村戸籍者の格差が明瞭となる。しかも農村戸籍者ですら，事実上地元出身者が優先され，調査対象の一帯では地方(内陸農村)出身の農村戸籍者は主に農業の請負労働に従事していた。つまり国有企業改革に連動した都市戸籍者優遇，地元出身者優遇の雇用対策は，労働市場の地域性・閉鎖性をもたらすことになっているのである。

　このように調査企業の労働者処遇が，単に学歴や技能に拠るだけではなく，元国有企業労働者であるか，都市戸籍者であるか，地元出身者であるか，といった入職前の所与の要因によって規定されることになる。こうした労働者の多元的な管理は，企業内の労働格差ばかりでなく，地方出身の農村戸籍者を含む労働格差を構造化する要因となっている。

　日本的経営・生産システムの導入・定着に関して言えば，これは元国有企業労働者に限ったことではなく，むしろ中国人労働者の一般的な個人主義的労働観にも起因するものと思われるが，今回の調査企業でも職務範囲の明確化や能力給部分の比重増の要求，職場における集団主義的な人間管理への忌避などの傾向がはっきりと聞き取れた。労働者のこうした仕事に対する考え方は，中国のみならず，アジアの他地域の調査企業でもほぼ共通して看取されるものであり，程度の差はあれ日本人経営者が経営の現地化の困難さとともに常に指摘する論点でもある。これは，換言すれば日本的経営・生産システムの「アジア的適応」のあり方が現地側から規定される側面でもある。日

本的システムは，正規労働者とりわけ専門職を中心に長期安定雇用や企業内技能形成で一定の評価を得ているものの，その集団主義的，年功的職場秩序を是とする雇用慣行は，既述のような現地側からの規定要因ゆえに変容を迫られることになる。それでは全面的な能力主義・業績主義へシフトするのかといえば，元国有企業労働者を多数抱えているがゆえに一律に実施することは困難であるし，日本企業のメリットとして評価されている側面を活かすこともできない。日本的経営・生産システムの「アジア的適応」は，日本側が現地に持ち込める側面と現地側の事情ゆえに修正を迫られる側面，この両面からの規定性によって実体化することになるが，中国では独特の国内改革（その中核たる国有企業改革とそこから派生する雇用問題）の進展に連動して，外資系企業が内包せざるを得ない労働者管理の諸課題が顕在化していると言えよう。

第 3 章

インドの日系企業と労働市場
——デリー首都圏の事例分析——

はじめに

　本章の課題は，筆者が過去に実施したアジア大都市圏の労働市場の調査事例を踏まえて，国際比較の視座からインド日系企業の労働市場の諸特徴を試論的に提示することである。インドの労働市場分析に際しては，同国が圧倒的に労働力過剰国であること，多民族国家であることなど，他の多くのアジア諸国との共通点が労働市場の異同にどう関係しているのか，といった視点も重要である。同時に，いまもカースト身分制が人々の生活・労働を律する社会規範として機能しており，これとインド独自の労働市場展開の特徴との関係性も問わねばならないだろう。

　ところで日本におけるインドの社会経済研究では，歴史研究，農村研究，工業化論，カースト論などで相当の研究蓄積を有しているが，管見の限り，労働市場論に関する研究は極めて乏しい。数少ない都市労働市場の研究の中で，近年の成果として注目しておきたいのは木曽[2003]と清川[2003]である。木曽[2003]は，現代の都市労働市場に関して，労働統計のマクロ分析，インフォーマル・セクター論，労働の女性化，カーストと労働市場の関係，労働政策，労使関係などを課題として，現代労働問題の体系化に取り組んでいる。一方，清川[2003]は，インドと中国を対象に丹念な実態調査に基づいて，とくに労働者の職業意識と労務管理の関係に焦点を当てた研究である。その第一部がインドに充てられており，季節労働者，女性労働者などの近代的労働者意識の形成が論じられており興味深い。その他には，IT産業や製造業の人的資源管理をテーマとした日本労働研究機構[1998]などもあるが，収集されたデータの紹介に止まっており，分析のフレームワークが明確とは言えない。

　本章では，これらの先行研究とは異なる課題，つまり日系企業の内部労働市場や労働力の供給構造，日本的経営・生産システムの定着度などの課題を設定するとともに，国際比較の観点からインド労働市場とそこに内在する労働格差の一側面を検出する(地名は図3-1を適宜参照)。なお，インドへの日系企業の進出は，1980年代に自動車産業が先行したものの，本格的には経済

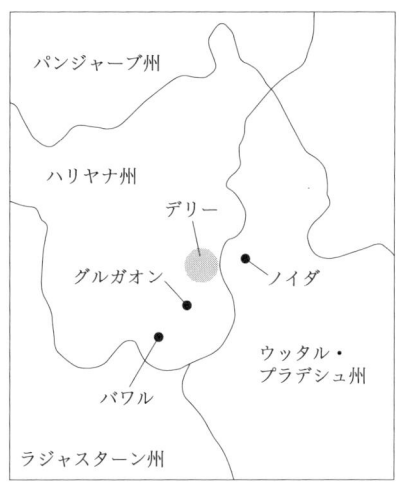

図3-1 インド全図およびデリー首都圏

自由化以降であり，直接投資額でみると1980年代の年平均額1300万ドルが1990年代前半には年平均5500万ドルに伸張している。アジア直接投資の総額の中ではいまだ0.8％程度を占めるに過ぎないが，1990年代前半には年平均額で1980年代の4.2倍に増加しており，増加率では中国(5.4倍)と並んで最上位に位置している。インドが新興の直接投資市場として注目される所以である。

I　インドの労働市場と日系企業

1　経済自由化と開発戦略の転換

インドの経済開発は，1956年の第2次5カ年計画期に重化学工業を重視したマハラノビス・モデルを採用して以来，基本的には1990年代初頭まで長期にわたって国家主導型の経済成長を目指すものであった。それは，戦後アジア諸国がほぼ共通して堅持していた経済ナショナリズムの延長線上に，輸入代替型工業化戦略を基調とする開発戦略を採用していたのであり，インド型社会主義と言われるものであった。ただし，全面的な計画経済に基づく

社会主義経済とは異なり，また他のアジア諸国が輸入代替期に開発独裁型(権威主義体制)の政権の下に工業化戦略を遂行したのとも対照的に，私有財産や議会制民主主義などの民主主義的諸制度の尊重という点で，特異な開発モデルの実験であったことも否定できない。

インド型開発戦略は，本来なら効率的な経済開発，地域間の均衡的発展，貧富の格差是正の手段となるはずであった。しかし実際には，官民協調による寡占体制と官僚主義の腐敗が蔓延し，経済の非効率・不採算性，各5カ年計画目標の未達成による財政赤字，対外債務の累積，高率のインフレなどを招き，雇用問題(高率の実質失業，インフォーマル就労＝潜在失業の拡大)や貧困問題を深刻化させた。公共部門の重化学工業優先は資本集約的技術を選択する性格が強く，雇用吸収力に乏しい。1970年代以降に取り組まれた社会的弱者・貧困層対策も計画性を欠いて財政支出が膨張し，官僚・政治家の汚職は蔓延しても貧富の格差は縮小しなかった。

1980年代初頭からIMF，世銀の融資を徐々に受け入れて経済自由化への方向転換を模索しはじめ，1991年7月には国民会議派のラーオ政権が本格的な経済自由化に着手した。産業規制緩和，財政・金融改革，貿易自由化，外資規制緩和，輸出産業振興[1]などの新経済政策が相次いで実施され，旧来の開発モデルの根本的見直しを図ることになった。その結果，第8次5カ年計画期(1992/93年～1996/97年)の年平均成長率は6.5％に達し，それまで「ヒンドゥー成長率」とすら言われた，独立以来1980年代までの実質年平均成長率3.5％の壁を突破し，当初目標を上回った。マクロレベルでの経済パフォーマンスは徐々に改善されつつあるが，しかし経済自由化以降も貧困問題や低所得者層の雇用問題の深刻さは解消されているわけではない(以上のインドの開発工業化に関しては，伊藤正二・編：1988，古賀：1998，バラスブラマニヤム：1988，などを参照)。

改革のテンポは漸進的であり，後述の経済基礎データでも示すように，現在でも輸入代替時代の産業構造の特徴を色濃く残している。しかし，貿易・外資政策の転換が進めば本章で取り上げる労働市場の構造変化も徐々にではあるが進展するであろう。とりわけ，高学歴者・高技能者が参入する労働市

場が徐々に広がり，労働市場全体の再編成を牽引することも予想させる。それは経済自由化によって新たに生み出されつつある労働市場であり，本章が経済自由化以降に新規進出した日系企業を取り上げる所以でもある。

2 直接投資動向

インドが受け入れた外国直接投資は，経済自由化以降から急速に拡大し，1990年代末までに認可額で年平均46.7％の伸び率に達している(1993～99年)。国別直接投資の上位国をみると，1991～2002年の認可額累計で，アメリカ(構成比20.1％)，モーリシャス(12.0％)，イギリス(8.1％)，日本(4.0％)，韓国(3.5％)の順となり，日本は同期間の年平均認可額95億ルピー，平均投資件数59件，全体の4.0％を占める。この動向は今世紀に入っても大きな変化はなく，インドへの直接投資は，国別投資以外にユーロ投資(1991～2002年累計の構成比では17.0％)が拡大していること，非居住インド人の投資も認可額では日本に次ぐ規模であること(同3.7％)，アジアでは日本以外に韓国の投資が1990年代後半に急増したことなどが，近年の特徴として挙げられよう。投資分野別にみると，通信(1993～2002年の認可額累計の構成比で19.8％)や電力(同15.3％)のインフラ関連が先行して，次に石油精製(10.6％)，輸送機械(7.4％)，サービス(6.5％)，ソフトウエア(6.4％)の順となる。周知のソフトウエアに偏重したIT産業の成長とともに，今後はアジア域内との投資・貿易関係の緊密化による資本財・中間財部門の成長も注目されるところである(投資関連データは，ジェトロ・ニューデリー事務所所内資料による。原資料はインド商工省News Letter。なお以上の統計データは，2004年の現地調査の際に入手したものであり，2003年版が本書執筆時の最新版となる。以下同様)。

今世紀に入って，外国直接投資は全体としてやや先細りの傾向にあると言われるが，インド政府はアジア諸国とのFTAによる投資・貿易関係の拡大を最重要戦略のひとつとしている。とりわけASEAN諸国とのFTA締結の動きが加速しており，2003年10月にはASEANとの包括的経済協力枠組み協定に，またタイとは2国間FTAの枠組み協定に合意した。ともに

2004年から品目別の関税引き下げが実施されており,タイとは2010年までに,ASEAN主要5か国とは2011年末までに関税撤廃が実現する予定である。また,南アジア地域協力連合(SARRC,加盟国はインド,パキスタン,スリランカ,バングラデシュ,ブータン,モルディブ,ネパール)でも,2004年1月に南アジア自由貿易地域(SAFTA)の枠組み協定に合意しており(2006年発効),今後10年以内に域内関税が大幅に引き下げられることになる。このようなインドの対アジア域内でのFTA拡大戦略は,既述のアジア域内分業への積極的参入とみることができる。注目すべきは,かかる対外経済政策が外資系企業の経営戦略に及ぼす影響であり,日系企業の場合,インドを包摂したアジア現地法人間の投資・貿易の相互依存関係が一層緊密化することが予想される。それは,これまでの輸入代替型を主流とする企業進出のあり方にも大きな転換を迫ることになろう。現時点ではその兆候は顕在化していないが,今後の動向に注目する必要がある。

3 マクロデータにみる労働力構成

インドの労働力人口は約4億240万人(2001年),農村と都市の労働力比率の推移では1991〜2001年に農村比率が80%から78%に減少,都市比率が20%から22%へ,これを性別でみると男性労働力比率が72%から68%へ減少,女性は28%から32%へと構成比を高めている。都市労働力比率の増大,労働力の女性化が窺えるものの,その速度は他のアジア諸国に比してまだ緩慢と言わざるを得ない(宮本:2002のアジア各国の数値と比較参照)。

インドでは,いわゆるインフォーマル・セクターの就業者比率が他のアジア諸国に比しても突出して高いと指摘されてきた[2]。1991年のデータによれば,自営業者や企業登録をせず労働法規の適用を受けない事業者(農村部の非農業就業者を含む)の合計が,農業以外の全産業就業者の実に74%に達しており,卸売・小売り業ではこれが98%を占める他,製造業79%,建設業78%となっている。都市部のみの雑業的労働者の就業者比率は資料の制約から不明であるが,それでも上記の数値は農業就業者を除いているので,都市雑業や全産業にわたる不安定就業者の比率の高さを窺わせている。一方,就

表3-1　産業別労働力(被雇用者)人口　　　(単位：10万人)

	公共部門				民間部門			
	1991年		2000年		1991年		2000年	
		構成比(%)		構成比(%)		構成比(%)		構成比(%)
農業	5.56	2.9	5.14	2.7	8.91	11.6	9.04	10.5
鉱業	9.99	5.2	9.24	4.8	1.00	1.3	0.81	0.9
製造業	18.52	9.7	15.31	7.9	44.81	58.4	50.85	58.8
電気・ガス・水道	9.05	4.7	9.46	4.9	0.40	0.5	0.41	0.5
建設業	11.49	6.0	10.92	5.7	0.73	1.0	0.57	0.7
小売・卸売業	1.50	0.8	1.63	0.8	3.00	3.9	3.30	3.8
運輸・通信業	30.26	15.9	30.77	15.9	0.53	0.7	0.70	0.8
金融・保険・不動産	11.94	6.3	12.96	6.7	2.54	3.3	3.58	4.1
社会・個人サービス	92.27	48.4	97.71	50.6	14.85	19.3	17.23	19.9
合計	190.58	100.0	193.14	100.0	76.77	100.0	86.49	100.0

(注)　民間部門は，農業を除いて10人以上を雇用する事業所のみ。
(出典) Government of India, Ministry of Finance, Economic Division [2001], Government of India, Ministry of Labour [2003]より作成。

業者の増加分の圧倒的多数が農業や都市雑業，あるいは未登録の中小零細企業に吸収されてきたと言われており，これは大規模企業(労働者500人以上)の増加が極めて緩慢(1982〜93年の増加率で年平均0.2%)であることにも起因する。都市就業者のおよそ7割は，都市雑業か，あるいは労働者100人未満の小規模・零細企業で就労しているのである(木曽：2003)。

表3-1に産業別の労働力構成の変化を示している。このデータは登録企業・事業所のみの集計であり，しかも収集方法に制約があるため実態の部分的反映でしかないが，それでも傾向的特徴は推察できよう。同表のように，インド経済で「組織部門」と呼ばれている，公共部門の全事業所と10人以上を雇用する民間部門の非農業事業所をとれば，公共部門の就業者総数が1991年で71.3%，2000年でもなお69.1%を占めている。産業別にみると，公共部門では1990年代の製造業の凋落と対照的に運輸・通信，金融・保険，社会・個人サービスの比重が依然として高く，一方の民間部門では1990年代に製造業の就業者数の増加が認められるものの，構成比で言えば微増に過ぎないといった諸点が確認できよう。つまり経済自由化以降も，データで確認した期間に関する限り，産業別労働力編成のドラスティックな変化は看取

表 3-2 インド日系企業の地域別・業種別一覧(2003 年 8 月)

	製造業					建設	運輸・通信	貿易	金融・保険	その他	合計
	自動車関連	電機・電子	機械	その他	小計						
北インド											
デリー	2	10	5	-	17	4	3	8	6	9	47
グルガオン(ハリヤナ)	16	-	-	2	18	-	-	2	-	1	21
ノイダ(ウッタル・プラデシュ)	6	4	-	1	11	-	-	-	-	1	12
コルカタ	-	-	-	-	0	-	1	4	-	1	6
その他	3	4	1	2	10	-	-	1	-	1	12
南インド											
ムンバイ	4	2	4	7	17	-	5	14	3	4	43
バンガロール(カルナータカ)	12	10	4	2	28	-	2	2	4	5	41
チェンナイ	7	5	3	5	20	-	-	4	2	8	34
プネー(マハラシュトラ)	4	3	3	5	15	-	-	-	-	1	16
その他	2	10	3	7	22	2	-	7	-	2	33
合　計	56	48	23	31	158	6	11	42	15	33	265

(出典) ジェトロ・ニューデリー事務所，所内資料より作成。

されないと言ってよい。

　以上のように，インドの全国的な労働力編成をみると，農業以外では都市雑業や中小零細企業の就業比率が依然として高く，産業別では公営部門のサービス産業に依存しており，民間部門の製造業にはいまだ顕著な伸びがみられない。こうした点を勘案するならば，本章で検討する日系企業の労働市場は，大都市圏の工業団地に展開する外資系企業の労働市場であるから，民間部門拡大の牽引車として期待される先端的な労働市場と位置づけることもできよう。

4　日系企業の進出状況

　表3-2は，インドにおける日系企業の進出状況を地域別・業種別に示したものである。2003年8月現在のインド進出日系企業数は265社，大都市部への進出は商社や保険会社の駐在員事務所，邦銀支店が多数を占めるが(デリー47社，ムンバイ43社，チェンナイ34社など)，製造業は大都市周辺の

工業団地(およびIT関連産業の拠点バンガロール)に集中しているとみてよい。今回筆者が調査対象としたデリー首都圏では，ハリヤナ州のグルガオン工業団地，ウッタル・プラデシュ州のノイダ工業団地などが日系企業の集積地域となっている。

業種別では，1980年代から先行してきた自動車(およびその関連産業)が長年の実績から優位に立っているが，近年では電機・電子や機械類の進出が目立ち，この点では他のアジア諸国と共通した特徴を持つに至っている。インドも既述のようなアジア域内の国際分業の一環に組み込まれつつあると言えよう。また，すでに指摘したように，インドへの日本の直接投資は，投資額ではいまだ僅少であるが，増加率では中国に匹敵するほどであり，インド市場への注目度は高いと言ってよい。それは，とりわけ耳目を集めているIT産業(ソフトウエア産業)のみではなく，製造業への直接投資にも顕現していることに留意すべきである。

II デリー首都圏の調査事例

本節では，インド日系企業の労働市場を筆者の調査事例に即して検討する。以下ではこれまでのアジア各国の労働市場分析の方法を援用して，需要構造に関しては内部労働市場の分節性，学歴構成，昇進＝昇給システム，転職率，短勤続雇用の動向など，供給構造については職情報源，出身階層，供給地域，出身カースト構成などに着目してみる。既述のように，各調査項目ともに，アジア労働市場の国際比較の観点から設定したものである(企業調査は2004年2月～3月に実施)。

1 調査企業3社の概要

調査対象とした3社については，当初同じ精度で同じ項目のデータ収集を試みたが，結果的にはほぼ予定どおりのデータが提供されたのはIA社のみであり，IB社・IC社についてはデータ提供の認められない項目が少なからずあった。それゆえ以下ではIA社を中心に検討し，IB社・IC社に関して

はIA社との比較可能なデータのみ提示するに止めたい。

　IA社は，1995年にハリヤナ州バワル工業団地(ニューデリーから90kmの距離にある新興の工業団地)に設立されている。同社スタッフの説明によれば，当該工業団地では入居企業に売上税免除などの税制面の優遇措置を講じているという。資本金14億8000万ルピー，100％出資の単独進出，主たる製品はアパレル関連の部品であり，製品は欧米の有名ブランド製品をOEM生産するインド国内工場に出荷しており，国内市場向けが96％を占める。調査時(2004年2月〜3月)は操業開始後9年目に当たるが，年商6億5000万ルピー，従業員規模は426人の中堅企業となっている。IB社は，1997年の設立で，ハリヤナ州グルガオン工業団地に入居している。資本金20億ルピー，100％出資の単独進出，自動車部品メーカーであり，製品は国内市場向けが98％，残余の2％が日本への逆輸出である。IC社は1996年の設立，ウッタル・プラデシュ州ノイダ工業団地に入居している精密機械メーカーで，やはり100％単独進出。原料・部品調達は日本からの輸入が85％に達し，現地調達は15％に過ぎない。販売は現地国内向けが100％であり，当面は輸出に転換する方針はないという。

　以上3社の共通点は，1990年代後半に新規進出した日系企業であり，資本規制の緩和後に外資単独で首都圏工業団地へ進出したことであるが，しかし専ら現地国内市場向けの生産であり，依然として輸入代替時代の外資系企業の特徴を色濃く残している。この点で東・東南アジアの工業団地・輸出加工区に近年新たに進出している日系企業の戦略とは大きく異なっている。

2　企業内労働力編成

　表3-3に3社の労働者構成を6階層の職位に区分して示している。筆者は，他のアジア諸国の企業内労働者構成を示す際にも，やや強引ではあるが国際比較の視点から同様の区分を行ってきた。言うまでもなく，実際の職位構成の詳細は企業ごとに多様である。例えば，IA社独自の職位構成は表3-4のようである(同表は調査時より1年前のデータで当時のインド人正規労働者数332人の構成，調査時は日本人駐在員10名，インド人労働者416名―男

表 3-3 インド日系企業 3 社の職位構成

	IA 社 日本人	IA 社 インド人 男性	IA 社 インド人 女性	IB 社 日本人	IB 社 インド人 男性	IB 社 インド人 女性	IC 社 日本人	IC 社 インド人 男性	IC 社 インド人 女性
取締役	2	–	–	3	–	–	2	1	–
管理職	2	31	1	10	20	2	6	25	1
技術職・事務職	6	43	17	–	81	14	6	60	15
職長・班長	–	41	1	–	10	7	–	25	4
正規生産職	–	172	73	–	109	93	–	140	83
臨時工	–	37	–	–	21	–	–	111	50
合 計	10	324	92	13	241	116	14	362	153

(出典) 筆者調査(2004年2月～3月)。

表 3-4 インド日系企業 IA 社の職位構成と人員配置(2003年3月)

生産・管理部門 グレード	職 名	人員	営業・販売部門 グレード	職 名	人員
D 3	Vice President	–	S 3	Vice President (Marketing)	–
D 2	General Manager	–	S 2	General Manager (MK)	–
D 1	Deputy G. Manager	2	S 1	Deputy G. Manager (MK)	1
C 4	Senior Manager	5	M 4	Senior (MK) Manager	–
C 3	Manager	2	M 3	(MK) Manager	1
C 2	DY. Manager	4	M 2	DY. (MK) Manager	1
C 1	Assistant Manager	1	M 1	Assistant (MK) Manager	2
B 4	SR. Process Engineer	6	L 4	SR. (MK) Executive II	2
B 3	Process Engineer	6	L 3	SR. (MK) Executive I	6
B 2	DY. Process Engineer	17	L 2	(MK) Executive	9
B 1	ASS. Process Engineer	17	L 1	JR. (MK) Executive	9
A 5	SR. Section Chief	2	G 5	SR. Office Co-ordinator	1
A 4	Section Chief	45	G 4	Office Co-ordinator	1
A 3	ASS. SEC. Chief/Packer II	82	G 3	Senior Assistant	2
A 2	Operator/Packer I	107	G 2	Assistant	1
A 1	Office Boy/Attendent	–	G 1	Office Boy/Attendent	–
合 計		296	合 計		36

(注) G＝General, DY＝Deputy, SR＝Senior, ASS＝Assistant, SEC＝Section, MK＝Marketing, JR＝Jenior.
(出典) 筆者調査(2004年2月～3月)。

表3-5　インド日系企業3社の学歴別労働者構成

	IA社	IB社	IC社	合計	構成比(%)
小学校(5年)卒	2	1	2	5	0.4
中学校(5年)卒	4	4	5	13	1.1
高校(2年)卒	112	14	91	217	18.3
ITI(職業訓練校)卒	116	177	311	604	51.1
短大・高等専門学校卒	45	18	55	118	10.0
大学卒	41	115	52	208	17.6
大学院卒	11	7	-	18	1.5
合計	331	336	516	1,183	100.0

(出典) 筆者調査(2004年2月〜3月)。

性324人，女性92人)。

　同表によれば，IA社の生産・管理部門，営業・販売部門はともに4階層のグレードに区分され，労働者は各グレードごとに採用されるのが原則である。2年に1度の人事考課に基づく昇進＝昇給では，各グレード内部の職階を昇ることになる。グレードを超えた昇格は，原則として認められていない。創業以来，調査時までに1名のみBクラスからCクラスへ例外的に昇格させているが，スタッフの説明によれば，これは専門学校卒の優秀な人材の抜擢で，Bクラスでの7年の就労後の特例であるという。換言すれば，各労働者は入職後に配置されたグレード内の職階を人事考課によって昇進することになる。

　次に職位と学歴の相関に関してである。3社の労働者の学歴構成を表3-5に掲げているが，これもIA社の職位構成に沿ってみておく。生産・管理部門でみると，ワーカークラス(Aクラス)は高卒かITI(職業訓練校)修了者であり，新規採用ではITI修了者を優先している。昇進は職長(SR. Section Chief)が上限となる。技術職(Bクラス)は短大・高等専門学校卒を中心に一部大卒からも採用，マネージャークラス(CおよびDクラス)は大卒・大学院卒となる。以上が正規労働者であり，各グレードごとに学歴に対応して入職口が異なり，グレード内での昇進は可能であるが，グレードを超えた昇格は例外的にしか認められない。正規労働者の下位には臨時工・実習生が位置する。臨時工は8カ月の契約労働者であり，契約更新は可能であるが，原則

として昇進・昇給・福利厚生の対象外となっている(昼食のみ支給)。当該地方の最低賃金に近い水準での就労であり，正規労働者との賃金および就業条件の格差が大きい。また実習生は，州政府からの要請で職業学校から受け入れており，実習期間は1年，実習期間終了後の本採用は義務づけられていないが，年間に数名を採用するという。

これら臨時工・実習生の採用は，労務コスト面以外に労働組合対策からも実施されている。例えば，IC社では今後段階的に臨時工を増員し，最終的には労働者の3～4割を臨時工とする方針を打ち出している。労働組合の加入資格を有するのは正規ワーカーのみであり，スーパーバイザー以上は管理職とみなされ非組合員となる。臨時工にはもちろん組合加入資格はない。調査企業のスタッフによれば，近年の労働争議の頻発に対処するため，調査対象とした工業団地でも臨時工は増加傾向にあるというが，それを裏付ける詳細な数値データは得られなかった。

以上のように，同じ正規労働者でも，技術職・管理職の間接部門労働者(ホワイトカラー層)と生産職の直接部門労働者(ブルーカラー層)では明確に職域が異なり，各グレード内での昇進が原則となっていること，その下位には短勤続・基本給のみで昇進＝昇給の展望を欠く臨時工・実習生が位置していること，これら入職口の異なる序列化した労働力編成が入職の際の学歴水準と強い相関関係にあること，これらの諸点からインドの日系企業でも分節化した内部労働市場が形成されていると言ってよい。

ところで，筆者がこれまでアジア各国の日系企業で実施してきた調査事例によれば，企業内の内部労働市場の分節性はほぼ共通していた。その分節化の度合は，当該国の労働力人口の多寡，日系企業の参入業種，企業規模，操業年数などによって一律ではないが，今回のインド調査の結果は，例えばインドネシアのジャカルタ首都圏に進出している，操業経験の長い大手日系企業(自動車，家電メーカー)などとの共通点を想起させる。インドネシアも圧倒的に労働力人口が過剰であり，比較的労働条件の整備された大手の大規模メーカーなどでは，学歴・技能によって仕切られた内部労働市場が明確であった。とりわけ技術職・管理職の高学歴労働者は相対的に不足しているが

表 3-6　インド日系企業 IA 社の職位別平均賃金

(単位：ルピー)

	基本給	諸手当	合　計
管理職	24,850	16,396	41,246
技術職・事務職	7,343	4,982	12,325
職長・班長	7,971	5,273	13,244
正規生産職	4,264	3,578	7,842
臨時工	2,640	－	2,640

(注) 調査時のレート，1ルピー＝2.5円。
(出典) 筆者調査(2004年2月～3月)。

ゆえに，企業はその定着を図るべく好条件の就労で優遇する。逆に単純労働の生産職は過剰であり，流動性が高くとも常に代替可能であるから，年功や勤続を重視した人事考課は行わない。それゆえ，職位を超えた抜擢を常態化して生産職労働者の定着を促すような人事管理も希薄となる。一方，これと好対照なのが労働力不足に悩むマレーシアの日系企業であった。マレーシアでは，マレーシア人の高学歴化とともに，間接部門労働者よりもむしろ生産職の直接部門労働者の不足が深刻であり，それゆえ正規生産職の労働者(マレーシア人)を定着させるべく，職位を超えた抜擢によって長期勤続のインセンティブとする施策も行われている。その他，近年の臨時工などの非正規労働者の拡大も，アジア各国に共通した特徴である。ただし，他のアジア諸国では，とくに1997年のアジア経済危機以降に一層顕著となっており，その主な狙いは，経済危機後の激しい労働需要の変動に対処するとともに，労働コストの削減を図ることにあった。インドでは，これらの要因に加えて労働組合対策として非正規労働者が増加しているのであり，この点では同国の職場での労働組合の根強さに対する，経済自由化を背景とした経営側の攻勢とみることもできよう。

3　企業内賃金格差

表3-6に，IA社の職位別平均賃金を示している。同社では，正規職労働者に対して職務達成度を重視した人事考課を採用しているとのことで，勤続給・年齢給は取り入れておらず，上位職ほど成果主義・能力主義の評価点を

表3-7　インド日系企業IA社の出身カースト別労働者構成

	上位カースト	中位カースト	下位カースト
管理職	16	4	–
技術職・事務職	27	2	–
職長・班長	33	9	–
正規生産職	174	51	15
臨時工	–	14	23
合　計	250	80	38
構成比(%)	67.9	21.7	10.3

(注) 労働者の出身カーストの判明分のみ集計。カーストは上位・中位・下位に3区分し、上位カーストはブラーフマン・ラージプトなど、下位カーストはハリジャン(指定カースト)・指定部族など、その他の中間的なカーストを中位カーストとした。
(出典) 筆者調査(2004年2月〜3月)。

高くしているという。高学歴者ほど能力評価への期待が高いため、離職・転職率の高い管理職の定着を図る労務政策とも言えよう。上位職ほど各種福利厚生に基づく諸手当部分の収入が大きくなっており(役職手当・医療費・通信費・交通費・帰省補助など)、これが下位職との賃金格差を一層拡大する要因となっている。

こうした企業内の賃金格差は、前述の内部労働市場の分節性とも密接に関連しており、とくに管理職に対しては、昇進による高賃金と福利厚生の充実を優先させてその定着を図っており、これが下位の生産職労働者との賃金水準の格差を顕著にしている。また、IA社の生産現場では、職長・班長などの監督労働者に比較的高い賃金が支給されており、一般生産労働者や非正規労働者に対する管理能力に高い評価が与えられているようである。

4　カーストと職位構成

労働者の出身カースト別の職位構成については、IA社からデータが提供されたので、これを表3-7に掲げる(カースト区分については同表の注参照)。カーストと労働者の配属との関連についての筆者のインタビューに対して、3社ともに日本人スタッフは「職場ではカースト身分による差別は存在しない」と述べている。新規雇用は学歴、技能訓練のキャリア、採用試験の成績で判定するので、応募書類に出身カースト名を記載することはなく、面接

(最終選考)でも同種の質問項目はないという。労働者の配属や昇進＝昇給でも，カーストを考慮することはないとしている。

　正規労働者の多数が上位カーストの出身であることに関して，IA社の日本人スタッフは「高学歴者を採用しているので結果として上位カーストの比率が高くなるが，採用選考でもカーストは全く判断材料としていない」と強調する。しかし，同社の現地人ジェネラル・マネージャーとのインタビューでは以下のような異なる見解が示されている。すなわち現地人マネージャーは「応募書類に出身カースト名を書かせることはないが，名前から出身身分の判別はほぼ可能であり，工場内清掃などの労働に上位カーストの出身者を就かせることはありえない」，「現在のところそのような事態は起こっていないが，仕事の能力・業績のみで労働者を評価して昇進させると，例えば下位カースト出身者が管理職に就いて上位カーストの労働者を管理するような事態も起こりうる。そうなれば労働者間の軋轢も心配だ」と言うのである。建て前としては，企業社会でのカースト差別の排除が強調されているが，職位構成・職務内容とカースト身分が決して無関係とは言えそうにない。インド人管理職の説明は，この点で示唆的であった。

　企業内部の労働力の分節化の要因については，筆者のアジア各国の調査例から，学歴・技能・性別などの共通の要因の他に，当該国に固有の社会的・制度的要因についても指摘してきた。例えば中国での戸籍による就労格差(都市戸籍労働者と農村戸籍労働者の重層的な労働力編成)，多民族国家のマレーシアやシンガポールでの民族間の就労格差(中国系を頂点とし，マレー系を底辺とする就業構成)，外国人労働者の受け入れ国では当該国の国籍を持つ労働者と外国人労働者の就労条件の格差などである。

　インドに関しては，カースト身分制度と労働市場の関係を当然視野に入れておくべきであろう(現代のカースト制度に関しては，押川・編[1990]，山際[2003]など参照)。今回調査した日系企業をみる限り，労働者の採用，職場配置，昇進などで，出身カーストが重要な決定要因になっていないようにみえる。調査地のデリー首都圏のような大都市部では，カースト意識が弛緩していると一般に言われているが，それに加えて高学歴の上位カースト・中

位カーストが多数を占める労働市場という日系企業の特異性も考慮すべきかもしれない。いまもカースト意識が根強く残る農村部や都市下層民の労働市場とは，市場の分節要因が異なることも想像に難くない。それでも，日系企業においてすら前述のインド人マネージャーの指摘のように，出身カーストに配慮した職種や人員配置がありうることが示唆されているのである。

5　日本的経営・生産システム

　既述のように，IA社の人事考課では年功的処遇は行わず，上位職を中心に能力主義の拡大傾向が特徴的であった。同社の日本的経営・生産システムの導入状況をみると，生産現場では，QCサークル，小集団活動，5S運動などを試行しており，可能な範囲から日本的な生産システムの導入が企図されている。これらの組織的な運動は，生産設備と同様に，日本的な作業編成と日常的な就業内容の中に組み込んでおけば，しかも労働者がその意味をどの程度理解しているかを別にすれば，経営側がやや強引にでも職場に持ち込めるものである。したがって，このような活動・運動が導入されているからといって，それが直ちに日本的生産システムの定着を意味するわけではない。重視すべきは，マニュアルを超えた職務の柔軟化，多能工化，自覚的な集団主義（例えば，上司から部下への日常的な技能移転を当然視する労働者意識）など，本来の日本的生産システムの特徴と言えるものがどの程度定着しているかである。この点では，「職務範囲を明確にし，職務達成度を測る査定基準を明確にすることが何より重要」との認識では，3社の日本人スタッフの認識はほぼ共通しており，日本的経営システムに関しても，年功的職場秩序や終身雇用を前提とするような労務政策は採用しておらず，人事考課では能力主義・成果主義を重視している。前述のような内部労働市場の分節性を前提とした，いわば限定的能力主義（宮本：2002）が職場内人事管理の原則とみてよいだろう。

　アジア日系企業における日本的経営・生産システムの導入とその定着度に関しては，筆者のアジア各国調査でも重点的な調査項目のひとつであった。前著の調査結果では，アジアの労働者の個人主義的な行動様式，換言すれば

企業組織への帰属意識の希薄さ，能力評価への期待，明確な職務範囲の提示要求などは，国や職層を問わず，日系企業労働者にかなり広範囲にみられる共通の特徴であった。日系企業による経営・生産システムの移転は，日本的な工場内設備・機械配置，職位編成，チーム編成，QCサークル，年功的職場秩序の形成を企図した人事考課や福利厚生など，管理運営の主に制度面に関わる移転，あるいは管理職層を中心に日本本社での研修による日本的経営風土を理解させようとする方針が中心となっている。日本的経営・生産システムの定着度を評価する際の筆者の着眼点は，上司から部下への技能移転を当然視する職位間人間関係の形成，マニュアル化されない職務内容・職域の柔軟性，職層を超えた集団主義的な自覚的製品管理，年齢・勤続年数を重視した人事考課による年功的な昇進＝昇給システムを是とする労働観の形成など，これらの日本的システムの核心とも言うべき諸点がどの程度進展しているかである。

　以上のような観点からインドの日系企業をみると，やはり日本的システムの導入は制度面が中心であり，特異な職位間人間関係や職域の柔軟性，年功的職場秩序の正当化など，インド人の労働観の転換を要するような核心部分の定着はほとんどみられなかった。私見によれば，インドも含めてアジアにおける日本的経営・生産システムの導入・定着は，限定的なものに止まっていると言わざるを得ない。

6　労働者の出身階層

　次に労働力の供給構造の検討に移る。まず労働者の出身世帯の職業構成については，IA社とIB社からデータ(サンプル調査)が得られたので，これを表3-8に掲げる。全体として公務員世帯出身者が多数を占めること，労働者世帯(工場労働者＋事務職＋公務員＋教員)の出身者が過半に達すること，生産職と事務・技術・管理職に区分すれば，前者では農業・自営業の出身者も少なくないが，後者ほど公務員世帯・教員世帯などの出身者比率が高まること，などが特徴的である。

　これらの諸点から，日系企業のような都市圏上位の労働市場では，労働者

表3-8 インド日系企業2社，労働者の出身世帯職業構成(サンプル調査)

	IA 社 生産職	IA 社 事務・技術・管理職	IB 社 生産職	IB 社 事務・技術・管理職	合計	構成比(%)
農業経営	5	-	7	2	14	13.7
農業労働者	2	-	1	-	3	2.9
工場労働者	4	-	3	2	9	8.8
事務職	2	2	4	4	12	11.8
職　人	-	1	-	-	1	1.0
商　人	2	1	-	-	3	2.9
自営業	5	2	3	2	12	11.8
公務員(行政職)	10	7	7	8	32	31.4
軍　人	5	2	1	1	9	8.8
教　員	1	1	1	3	6	5.9
その他	-	-	-	1	1	1.0
合　計	36	16	27	23	102	100.0

(出典) 筆者調査(2004年2月〜3月)。

世帯の再生産に基づく労働力供給が主流となっていること，換言すれば，農業関連世帯や自営業世帯のような異業種からの流入がもはや主たる労働力の給源ではないこと，工場労働者世帯よりも公務員・教員・事務職などの，おそらく高学歴世帯の出身者比率が全体として高いこと，などが指摘できよう。また同時に，労働者の職種別でみれば，既述のように生産職では農業関連・自営業世帯出身者が労働者世帯出身者に拮抗するほどであるのに対して，事務・技術・管理職ほど公務員・教員などの高学歴世帯出身者の比率が高まることから，現役労働者の職種と出身階層の相関も読み取れよう。

　アジア諸国との比較で言えば，インドの場合も，アジア各国にほぼ共通した特徴，つまり製造業労働者の主たる供給源がもはや農業や自営業などの異質の産業部門のみではなく，労働者世帯(工場労働者世帯や公務員世帯)の再生産による労働者の析出が構成的比重を持つに至っている。もちろん，前著で指摘したように，日系企業のような都市部(あるいは都市近郊の工業団地・開発区)の上位労働市場への労働力供給は，国ごとに特殊要因が働いているので一律に特徴づけることは難しい。例えば，中国では戸籍に制約されて農村過剰労働力の都市労働市場への参入が制約されており，マレーシア・台湾・ベトナムなどでは農業以外の自営業への依存度が高くなるが，シンガ

ポールのような都市国家では労働者世帯出身者が多数を占めることは言うまでもない。インドは，公務員労働者世帯の比率が高く，農業以外の自営業や工場労働者世帯の出身者比率が相対的に低いという点で，インドネシアなどと類似の供給構造になっている。その要因の解明は今後の課題としたいが，戦後長期にわたって公共部門が基幹的位置を占めてきたという両国に共通した就業構造の歴史的背景(1980年代初頭まで)があり，したがって労働市場の特徴にもそれが投影されていることも考えられる。しかし，経済自由化・民営化が一層進展すれば，労働力の供給構造も変化するであろうから，今後の動向に注目する必要がある。

7　労働者の出身地

労働者の出身地については，IA社とIB社のデータが得られた。両企業の集計によれば，IA社の州(市)別出身地比率では，ハリヤナ州が圧倒的に多く79.8%，2位のウッタル・プラデシュ州が6.9%，3位のデリー市3.0%でほぼ9割が首都圏の出身となっている。IB社はやや分散的だが，1位のハリヤナ州が38.4%，2位デリー市9.2%，3位ウッタル・プラデシュ州6.6%で，やはりこの2州1市の首都圏で過半に達する。つまり，調査企業をみる限り，デリー首都圏の日系企業では，主に首都圏内から労働者を調達しており，前述のように日系企業が高学歴者層の参入する労働市場であることからすれば，むしろ教育水準の高い首都圏で十分に調達可能ということなのかもしれない。この点は，地方農村(パンジャーブ地方など)の過剰労働力が多数参入する首都圏の都市雑業や中小零細企業の労働市場とは異なる特徴を有していることも考えられる。

労働者の出身地に関して地域性が強いのは中国などと共通した特徴であるが，中国では労働力移動を制約する特殊な制度的要因が働いているので，むしろインドは他のアジア諸国とは異なる特徴を有するとみた方がいいだろう。インドネシアやマレーシアなどの首都圏＝大都市圏の上位労働市場では，全国規模の広域の労働力供給が特徴となっており，これが地方都市圏とは異なる首都圏労働市場の広域性である。インドの場合，デリー首都圏の上位労働

表 3-9　インド日系企業 2 社，労働者の求人情報源(サンプル調査)

	IA 社 生産職	IA 社 事務・技術・管理職	IB 社 生産職	IB 社 事務・技術・管理職	合計	構成比(%)
親族情報	5	-	1	-	6	6.1
知人情報	6	2	6	2	16	16.3
新聞求人	10	7	3	8	28	28.6
職業斡旋所	10	7	4	7	28	28.6
学校求人	-	-	13	4	17	17.3
その他	1	1	-	1	3	3.1
合計	32	17	27	22	98	100.0

(出典)　筆者調査(2004 年 2 月〜3 月)。

市場が一定の地域的閉鎖性を持つとすれば，他の大都市(ムンバイやコルカタなど)の都市圏労働市場との比較，あるいは民族・言語などの多様性と人の移動との相関など，多面的な検討を要する課題となる(この点の詳細は本章の課題を超えるので，他日を期したい)。

8　職情報源

表 3-9 に労働者の求人情報源の内訳を示している。IA 社・IB 社のサンプル調査であるが，両社の集計では新聞求人・職業斡旋所への依存率が高く，これを職種別にみても大きな差異は認められない。IB 社の生産労働者の採用では学校求人が多数を占めるが，これは同社が ITI(職業訓練校)からの直接採用を重視しているためであろう。親族・知人など縁故に依存した求職の比率がそれほど高くないことも特徴的である。その要因解明には，企業ごとの採用方針の相違，首都圏における職業斡旋所などの公的求人機関の充実度などを総合的に検討する必要があるが，いずれにしても首都圏の日系企業のような，高学歴者層が参入する上位の労働市場では，一定の公的な組織性を読み取ることもできる。

他のアジア諸国との比較で言えば，前著の調査結果では，多くの国で日系企業といえども求職者は地縁・血縁の縁故情報に強く依存しており(マレーシア 74.7%，インドネシア 69.2%，台湾 45.7%，ベトナム 40.8%，中国 35.8% など)，それゆえに公的な職情報による職業選択の機会が制約され，

表3-10 インド日系企業2社，労働者の転職状況(サンプル調査)

	IA 社 生産職	IA 社 事務・技術・管理職	IB 社 生産職	IB 社 事務・技術・管理職	合 計	構成比(％)
転職なし	14	1	14	3	32	32.7
転職1回	10	6	7	6	29	29.6
2回	7	7	2	9	25	25.5
3回	1	2	3	3	9	9.2
4回	−	−	−	1	1	1.0
5回以上	−	−	1	1	2	2.0
合 計	32	16	27	23	98	100.0

(出典) 筆者調査(2004年2月～3月)。

労働市場の公的な組織性が不十分であった。これに比べるとインドでは，大都市圏の上位労働市場に限定すれば，労働市場の公的な組織化が一定程度は実現していることになる。しかし，前述の労働者の出身地からみた市場の閉鎖性と併せみれば，労働市場の公的組織化もその広域性という点でなお限定的と考えざるを得ない。

9 労働力の流動性

次に労働力の流動性に関連して，サンプル調査でみた転職状況と企業側の離職率に関する説明の両面から検討しておく。表3-10にIA社・IB社の転職状況(サンプル調査)を掲げている。両社ともに，生産職労働者では転職経験者の比率が低く，逆に事務・技術・管理職層では2回以上の転職経験者比率が高くなり，これが対照的である。

調査企業から職位別の離職率データは得られなかったが，IA社では正規労働者全体の年間離職率は4％，間接部門のホワイトカラー層の離職率が年6％程度とのことであった[3]。同社スタッフは「ワーカークラスは帰郷・結婚に伴う離職がほとんどだが，上位職ほど引き抜きなどによる他社への転職者が多い」と指摘しており，この点はIB社・IC社も同様であった。

年間離職率が4～6％というのは，他のアジア諸国の日系企業と比較してもそれほど高い数値ではない。年間の離職率が，生産職，事務・管理職を問わず，数十％～50％に達する国も少なくない。インドのような労働力過剰国

において，比較的労働条件の良い(国基準の労働条件を満たしているという点で)日系企業で正規労働者の流動性が低位で推移するのは，他のアジアの労働力過剰国であるインドネシアなどと共通の特徴と言えよう。しかも相対的には，専門的技能を要する上位職ほどヘッド・ハンティングによる流動性が高くなるのも，他のアジア諸国と共通している。これが，前掲表3-10の集計結果のように，事務・技術・管理職の転職経験の高さにも示されていると言えよう。

10　労働者の前職および前職勤務地

転職経験のある労働者に対して，その前職を職種別に集計すると(サンプル調査)，IA社では転職経験者33名のうち生産職労働者18名の内訳は工場労働11名，事務職6名，公務員1名，事務・技術・管理職15名では公務員6名，事務職6名，工場労働3名となる。一方，IB社では転職経験者33名，生産職労働者13名の内訳は工場労働7名，事務職4名，公務員2名，事務・技術・管理職20名では，工場労働10名，事務職5名，公務員4名，自営業1名となる。つまり，IA社の生産職労働者では工場労働の経験者が，事務・技術・管理職では公務員経験者の比率が高く，IB社では職種間の明確な差異は認められないが，いずれにしても農業・自営業など異業種からの移動がほとんどみられず，製造業やサービス業での賃金労働の経験を有している。複数回の転職の経験者についてそのすべてのキャリアを追跡していないのでデータとしては十分ではないが，それでも前述の出身世帯職業構成の調査結果を考慮すれば，都市部の労働者世帯出身者はもちろんのこと，農業・自営業出身者でも工場労働・事務労働あるいは公務員職の経験を積んでいるものと推察される。

同じく転職経験者について，前職勤務地をサンプル調査すると，IA社では転職経験者33名のうち25名の前職勤務地が判明，内訳はハリヤナ州13名，デリー市9名，その他3名であった。同様にIB社では，転職経験者33名のうち前職勤務地判明者28名，内訳はハリヤナ州17名，デリー市6名，その他5名となった。つまり，地元出身者を中心に首都圏で転職を繰り返し

ているとみられるのである。この点を前述の職情報に関する調査結果と結びつけると，労働市場の一定の公的な組織性は看取されるものの，市場の広域性はそれほど顕著ではないと言えよう。地域限定的な上位労働市場の展開に止まっているのである。おそらく下位の労働市場，とりわけ低学歴・低カースト出身者(遠隔地からの農村出身者も含めて)が大量に参入しているとみられる都市雑業や中小零細企業の労働市場とは，その組織性・広域性という点で性格を異にしているであろう。なお，労働市場の地域性に関しては，インドが多民族・多言語・多宗教の国であることから，同一民族・同一言語・同一宗教の社会慣行を配慮した結果ではないかとも思われたが，企業スタッフの説明による限りは労務管理上のそうした配慮は行っていないとのことであった。例えばIB社には若干名のイスラム教徒・シク教徒も就労していたが，職場内での宗教上の配慮は全くみられなかった。民族・言語・宗教と労働市場の相関は，むしろ下位の労働市場ほど有意かもしれないが，この点は本章のテーマを超えるので本格的な検討は他日を期したい。

　他のアジア諸国との比較で補足すれば，大都市圏の労働市場が全国的に開かれているような国(インドネシア，マレーシアなど)では，地方都市あるいは農村部出身の高学歴者は，大都市圏での就労を繰り返しながらより好条件の職場を求めて流動性を高め，最終的に日系などの外資系企業にたどり着くといったケースが多くみられる。この点では，インドの労働市場がなお一定の地域的閉鎖性を持つとすれば，その歴史的・社会的要因の解明が必要となろう。

おわりに

　以下，アジア諸国の日系企業との国際比較の視点から，注目しておきたい論点について改めて要約しておく。

　第1に，日系企業の労働市場の位置づけについて。経済自由化後のインドの労働力編成をみると，農業以外では非組織部門の都市雑業や中小零細企業，組織部門では公営のサービス業の就業比率が依然として高く，民間部門の製

造業の雇用吸収にいまだ顕著な伸びがみられない。したがって全国的な労働力編成からすれば，本章で検討した日系企業の労働市場は，大都市圏の工業団地に展開する新興の労働市場であって，新たな民間部門の拡大を牽引する先端的な労働市場と位置づけることができよう。

　第2に，企業内部の労働力編成と分節的内部労働市場について。調査対象とした企業では，同じ正規労働者でも，技術職・管理職の間接部門労働者（ホワイトカラー層）と生産職の直接部門労働者（ブルーカラー層）では明確に職域が異なり，各グレード内での昇進が原則となっており，その下位には短勤続・基本給のみで昇進＝昇給の展望を欠く臨時工・実習生が位置していた。つまり，入職口の異なる位階制的な労働力編成が入職の際の学歴水準・技能水準と強い相関関係を成しているのであって，分節化した内部労働市場が形成されていると言ってよい。筆者がこれまでアジア各国の日系企業で実施してきた調査事例によれば，企業内の内部労働市場の分節性はほぼ共通しているが，その分節化の度合は，当該国の労働力人口の多寡，日系企業の参入業種，企業規模，操業年数などによって一律ではなかった。今回のインド調査の結果は，既述のようにインドネシアのジャカルタ首都圏に進出している，操業経験の長い大手日系企業（自動車，家電メーカー）などと比定しうるものである。

　一方，近年の非正規労働者の拡大もアジア各国に共通した特徴であるが，他のアジア諸国でとくに1997年のアジア経済危機以降に一層顕著となっているのに対して，インドでは，労働需要の変動，労働コスト削減への対策だけではなく，労働組合対策として非正規労働者が増加しており，これは経済自由化後も職場で頻発する労働争議に対する経営側の攻勢とみることができよう。アジアの労働市場で拡大している非正規労働者（当該国の各種臨時工や底辺労働を担う外国人労働者）は，コスト削減や組合対策を口実に基本給のみで短期雇用される単純労働力群であり，労働者はその低賃金ばかりでなく，自己の技能形成すら期待できない。日系企業でもかかる非正規雇用を拡大させているとすれば，職場内の不安定就業階層を増大させて内部労働市場の分節化と労働力の格差構造を一層推し進めることになろう。

第3に，日本的経営・生産システムの定着度について。インドの日系企業においても，職場内の作業設備，チーム編成，小集団運動などの日本的な制度は導入されているが，それは筆者が日本的生産システムとして重要視する内実，つまり日常的な技能移転を伴う職位間人間関係，マニュアル化されない職務内容・職域の柔軟性，職層を超えた自覚的品質管理などと必ずしも結びついて浸透しておらず，また経営方針としても現地労働者の要請に応えて能力主義・成果主義を重視した人事考課を採用しており，年功的な職場秩序の形成を志向するものではなかった。換言すれば，現地人の労働観の転換を要するような日本的システムの導入・定着は限定的とみられる。この点では，程度の差はあるが，他のアジア諸国の日系企業とも共通の傾向を見出しうる。

　第4に，労働力の供給源と流動性について。労働者の給源をみれば，インドにおいてもアジアの調査対象国にほぼ共通した特徴，つまり主たる給源がもはや農業や自営業などの異質の産業部門のみではなく，労働者世帯（工場労働者世帯や公務員世帯）の再生産による労働者の析出が構成的比重を持つに至っている。一方，労働者の出身地に関しては地域性が強く，同じ首都圏でも他のアジア諸国のような全国的な広域の労働力供給がみられず，一定の地域的閉鎖性が特徴となっている。求職行動に関しては，他のアジア諸国の調査事例とは異なって地縁・血縁の縁故情報への依存度が低く，むしろ労働市場の一定の公的な組織性が看取された。したがって，高学歴者が参入するデリー首都圏の日系企業労働市場では，地域限定的な労働力が主に公的な斡旋機関を介して職を得ていることになる。市場の閉鎖性や地域性に関するデータは，結果的には中国などと共通であるが，本文で指摘したように，その背後にある社会制度的要因の差異には注意を要する。

　第5に，労働者の前職や前職勤務地をみると，多くの労働者が工業部門あるいは公務員職などのサービス部門の労働を経験しており，しかも主に首都圏での転職を繰り返しているのであって，この点では市場の広域性がそれほど顕著ではない。首都圏出身者はもちろん，少数派の農村・地方出身者も，一旦首都圏に流入して給与生活者として転職を繰り返すものとみられる。その転職率は，他の調査対象国に比してそれほど高率ではないが，これは労働

力過剰国において比較的労働条件の整った上位の労働市場では共通した特徴となっている。職位別にみて間接部門の高学歴・高技能者の転職率が相対的に高くなるのも，他の労働力過剰国と同様である。

　最後にインドに独自の歴史文化的・制度的要因について。まずカースト身分制度と労働市場の関係について，今回調査した日系企業の経営者は，労働者の採用，職場配置，昇進などで，出身カーストを決定的な判断基準にしていないという。間接部門の高学歴者はそのほとんどが上位カーストによって占められており，これは資産家・上層世帯出身の上位カーストほど高学歴を身につける機会が多く，結果的に専門職の労働者群を形成しているとも考えられる。ところが，既述の現地人ジェネラル・マネージャーは，出身カーストに配慮した職種や人員配置を示唆していた。経営側は，実際には出身カーストの身分を配慮して職務配置をせざるを得ない場合もあり，カースト身分の上下関係と上司・部下の職位関係の逆転が生じないような配慮すら考えている。また調査企業では，工場内での重筋的な労働や清掃等の雑役は下位カーストの出身者に限られており，かかる職務を上位カーストの出身者が担うことなど論外とする，いわば暗黙の了解ができあがっていた。これらの事実から，職位構成・職務内容とカースト身分が決して無関係とは言えそうにない。首都圏の外資系企業という新興の労働市場であるから，その職種は伝統的なカーストの職掌とは無関係なはずであるが，それでも職務内容とカースト身分は無視しえない関係にある。ましてや，いまもカースト意識が根強く残る農村部や都市下層民の労働市場では，市場の分節要因とカースト規制が一定の相関を成しているものと推察される。

（注）
1) インド政府は，2000年4月に「特別経済地区」(Special Economic Zones)の設置を決定して，本格的な輸出産業の育成政策を打ち出した。同地区に入居する企業には，輸出事業に関して各種の免税特典（原材料輸入税，売上税，消費税，輸出税等を全額免除）が与えられており，2003年3月現在で全国21地区が認可済み，稼働中の8地区では合計659事業所が入居，総投資額1005億ルピー，総労働者数8万6600人（うち女性3万2200人），2002/03年の輸出額実績が1005億ルピーとなっている(Gov-

ernment of India, Ministry of Commerce and Industry: 2003)。この「特別経済地区」が輸出振興にどの程度貢献できるのか，あるいは輸出志向開発戦略への転換の牽引車となりうるのか，今後の検討を要する課題となろう。

2) 1960年代～1970年代の発展途上国の都市インフォーマル労働者比率に関する調査例によれば，アジアではパキスタンのカラチ69%(1972年)，バンコク＝トンブリの68%(1970年)に次いでインドのムンバイ(ボンベイ)が55%(1961年)で3番目に高い数値となっている(鳥居・積田：1981)。

3) 日本労働研究機構が実施したインド日系企業の調査例によれば，ノイダ工業団地に入居している自動車部品メーカーでは，1996年の年間離職率が約6%，全従業員850人のうちワーカークラスの離職はほとんどなく，約100人の管理職クラスに集中しているという。また，ムンバイ近郊の工業団地に進出した板ガラスメーカーでは，1996年のワーカークラスの年間離職率が6.5%であるのに対して，マネージャークラスは20.0%となっている。またプーネの家電メーカーでは，ワーカークラス13.3%に対して，若手の事務管理職であるスーパーバイザーが19.7%の高率となっている(1997年)。いずれも高学歴＝高技能の上位職の流動性の高さが共通の特徴となっており，筆者の調査例と同様の傾向を示している(日本労働研究機構：1998)。

第 4 章
タイの日系企業と労働市場
──バンコク首都圏の事例分析──

はじめに

　前著(宮本：2002)の調査研究で俎上にのせることができなかったアジア主要国のひとつにタイがある。2005年3月にようやくタイ(バンコク)での調査の機会を得たので、本章ではバンコク首都圏の日系企業の調査データに基づいて、タイ労働市場の特質の一端を検討してみる。同時に前著の成果を活かすべく、他のアジア主要国、とりわけ東南アジア諸国の労働市場との国際比較の視点から、タイ労働市場の特徴を捉えてみる。各種の統計資料および筆者の調査データについて、タイとほぼ同精度のデータを入手しうるマレーシア、インドネシア、フィリピン、シンガポールとの比較に留意する。

　ところで、現代タイの社会経済研究は、他の東南アジア諸国を対象とした研究に比して豊富な蓄積を有するものの、労働問題研究に限ればこれまた他の東南アジア諸国と同様に最も遅れた研究領域のひとつとなっている。労働市場に関するこれまでの研究では、1970年代に本格化するいわゆる「緑の革命」以来の農村社会の変容から説きおこした農村労働市場と農外就業、農村労働力による還流型出稼ぎの労働慣行などに関する研究、都市労働市場に関しては主にインフォーマル・セクター(都市非公式部門)の就業実態に注目した分析などに一定の成果が蓄積されている。しかし、1980年代後半以降の開発工業化の進展とバンコク首都圏を中心とする都市化の急拡大にもかかわらず、都市労働市場の今日的特徴に関する本格的な研究は依然として少ない。管見の限りで数少ない先駆的業績を指摘しておくと、日系企業の内部労働市場に注目した田坂・編[1989]、製造業労働市場を概観した末廣[1997]、日系企業の労務管理に焦点を当てた大野[1992・1993]、日本的な経営技術・人材育成の移転に関する植木[2002]などがある。これらの先行研究は、いずれも現地での企業調査に基づく実証的研究で成果をあげており貴重である。しかし、なおそれぞれが微視的な分析レベルに止まっており、タイ製造業に固有の労働力需給関係、内部労働市場の編成、労務・人事管理の今日的特徴などをトータルに把握しうるような研究の段階には達していないように思われる。今後の実証研究の積み重ねが重要であるが、本章もその一端を担うべ

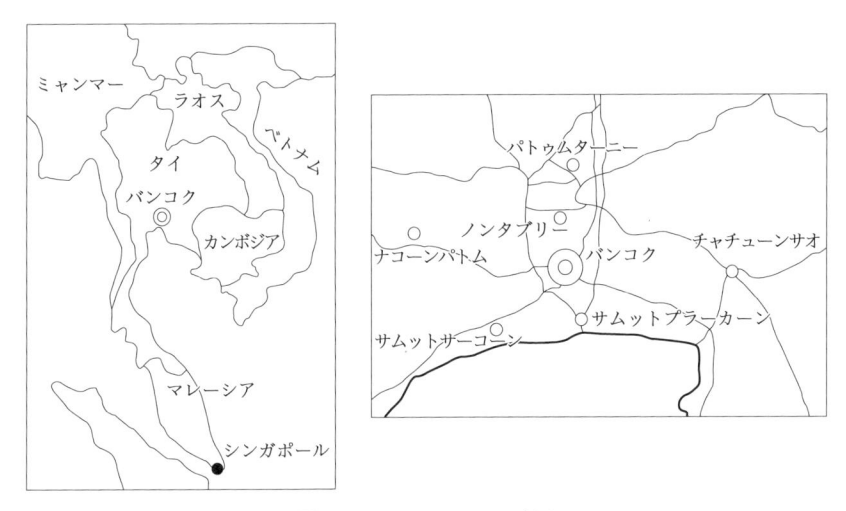

図4-1　タイ，バンコク略図

く，しかも前述のように近隣諸国との比較の視座も導入しつつ事例分析を試みるものである(図4-1を適宜参照)。

I　タイ労働市場の基本的特徴

1　直接投資と日系企業

　まず，タイにおける海外直接投資と日系企業の進出状況について近年のデータで確認しておこう。タイ投資委員会(Board of Investment, BOI)のデータによれば，認可ベースでみた登録資本金の1985～2003年累計は，国内資本の投資額2051億バーツに対して外国投資(外国資本比率10%以上の直接投資)の同期累計が3679億バーツ，外国投資が国内投資のおよそ1.8倍となる。外国投資の国別構成比では日本が44.8%で突出して多く，以下はアメリカ9.4%，台湾7.8%，シンガポール4.2%，オランダ4.1%の順であり，日本のプレゼンスの大きさが際だっている(以上の数値は，2005年の調査時に筆者が閲覧したジェトロ・バンコク事務所所蔵のタイ国経済統計集による)。他の東南アジア諸国では，1980年代後半以降，かつての日本資本の独

表 4-1 日系企業の業種別進出状況(2004 年末)

	企業数		構成比(%)
商業・貿易	186		15.4
製造業	629		52.1
金　属		85	7.0
自動車関連		114	9.4
電気・機械		168	13.9
繊　維		48	4.0
化学・窯業		92	7.6
食　品		36	3.0
その他		86	7.1
土木・建設	70		5.8
金融・保険・証券	42		3.5
航空・運輸	73		6.0
観光・サービス	16		1.3
ホテル・レストラン	43		3.6
広告・出版	25		2.1
流通小売・百貨店	21		1.7
政府関係機関	10		0.8
その他	92		7.6
合　計	1,207		100.0

(出典)ジェトロ・バンコク事務所，所内資料より作成(原資料はバンコク日本人商工会議所が収集)。

占状態が崩れ，欧米およびアジア NIEs 諸国の激しい追い上げで，直接投資の熾烈な競争が共通した特徴になっているが，タイでは依然として日本の群を抜いた存在感が特徴的である。

　表 4-1 は，日系企業の業種別進出状況を示している。これは，バンコク日本人商工会議所のデータでみた 2004 年末時点の進出企業 1207 社の分類である。自動車(関連業種を含む)と電気・機械が中心となるが，ただしこのデータは大手の商社・メーカーを中心とした集計であり，中小企業を含めると日系はおよそ 7000 社との推定もある(ジェトロ・バンコク事務所)。タイにおける日本の直接投資では，自動車産業の存在がとりわけ大きい。近年ではトヨタをはじめとする日本の大手自動車業界は，タイと中国を 2 大生産拠点とするアジア展開を一層顕著にしており，タイは東南アジアにおける日系自動車メーカーの中枢に位置している。ほぼすべての日系自動車メーカーが進出しており，組立・部品両者の日系メーカーはおよそ 600 社とみられ，タイ国

内の市場シェアの9割以上を占有する。1トンピックアップトラックを中心に現地での独自開発と第三国向け輸出の戦略を明瞭にしている(2004年の実績では生産台数92万台，うち33万台を輸出)。

　自動車に次ぐ日系の進出分野は電機・電子である。アジアに展開する先進国およびアジアNIEsの多国籍企業の主役が電機・電子産業になりつつあることは各国に共通しており，タイのIT・電子部品関連では日本メーカーが中国との分業体制を整備し，同時に自動車関連分野への展開を図って自動車業界との共存も強く意識されている。一方，かつての主力産業であった繊維や雑貨などの労働集約産業は中国との厳しい競争から後退を余儀なくされており，中国への移転，あるいはより低賃金・低地価のベトナムへの移転が顕著になっている。

2　タイ労働市場の基本的特徴

　以下ではタイ労働省2002年版のマクロデータ(本章執筆時の最新データ)に基づいて，タイ労働市場の基本的特徴を就業者構成や企業規模別構成によって概観するとともに，既述のように他の東南アジア諸国との国際比較にも留意する。

　表4-2がタイの産業別就業者構成と東南アジア4カ国との国際比較である。タイの就業者構成比でまず注目すべきは，農林漁業と商業・飲食業の高さであろう。かつてNAIC型経済成長とすら言われたタイの特徴は，1980年代以降に一定の変容をみせているとはいえ，なお第1次産業(林業・漁業の構成比は僅少であり，農業とほぼ同義)の産業構造に占める比重が大きい。東南アジア主要国のほぼ同時期の統計データとの比較では，第1次産業(農業)の構成比がインドネシアやフィリピンに匹敵する。タイと同様にアジア準NIEsと分類されることもあるマレーシアとの比較では製造業部門の構成比が10ポイントほど低く，金融業などを指標とした高度サービス産業の構成比も劣る。都市国家シンガポールは農業部門を持たないので単純な比較は慎むべきだが，産業構造の高度化という点ではシンガポールとの格差は明瞭である。

表 4-2 タイの産業別就業者構成と国際比較

	タイ (2002年)		備 考			
	労働者数 (1,000人)	構成比 (%)	マレーシア (1995年, %)	インドネシア (2003年, %)	シンガポール (2000年, %)	フィリピン (2000年, %)
農林漁業	14,041.9	42.5	18.0	46.3	―	37.4
鉱 業	44.8	0.1	0.5	0.8	―	0.4
製造業	5,052.4	15.3	25.9	12.0	20.8	10.1
電気・ガス・水道	88.5	0.3	0.8	0.2	―	0.4
建設業	1,786.6	5.4	8.3	4.5	13.1	5.1
商業・飲食業	6,988.8	21.1	16.8	18.6	19.2	16.5
運輸・通信	1,008.9	3.1	5.0	5.5	9.4	7.3
金融・保険・不動産	772.5	2.3	4.8	1.4	15.4	2.4
その他サービス業	3,028.5	9.2	11.0	10.7	21.6	20.3
その他	248.3	0.8	8.7	―	0.6	―
合 計	33,061.2	100.0	100.0	100.0	100.0	100.0

(出典) タイ：Ministry of Labour [2002],
　　　　マレーシア：Percetakan Nasional Malaysia Berhad [1996],
　　　　インドネシア：Biro Pusat Statistik [2003],
　　　　シンガポール：Ministry of Manpower [2001],
　　　　フィリピン：National Statistical Coordination Board [2001]より作成。

　タイの産業構造および就業構造の検討に関しては，とくにその地域性に留意しなければならない。一方で東北部を中心とする広域の農村地帯における農村労働市場と農外就業者の増大，他方ではバンコク首都圏から放射線状に首都圏工業地帯の広域化が顕著となり，農村部の労働力を吸収しつつ都市労働市場も広域化している。したがって，重層化した首都圏の労働市場と地方・農村労働力が，同じく重層化した労働力の流路で結びつくことになる。この点，先行研究を踏まえてやや敷衍すれば，労働力の一定の高学歴化に伴う「新中間層」(専門職・技術職・事務職等のホワイトカラー層)が流入する上位の労働市場から，農村出身の低学歴・不熟練の出稼ぎ労働者が参入する都市雑業や中小零細企業の労働市場まで，首都圏の労働市場が多層化する。労働力の主たる供給源である農村部からは，下層・貧農層の世帯構成員の都市出稼ぎを主力としつつも，そればかりではなく上層農家の高学歴層も高所得と都市的生活様式を求めて首都圏に流出するので，農村部の諸階層が重層化した都市労働市場と多元的に連結するのである(田坂：1991，末廣：1997

表 4-3 タイの職種別就業者構成と国際比較

	タイ (2002年)		備 考			
	労働者数 (1,000人)	構成比 (%)	マレーシア (1995年, %)	インドネシア (2003年, %)	シンガポール (2000年, %)	フィリピン (2000年, %)
行政・管理職	2,380.6	7.2	2.7	0.2	13.5	5.8
専門職・技術職	2,375.8	7.2	10.3	3.0	28.4	2.3
事務職	1,126.2	3.4	10.1	4.8	13.4	4.6
販売職・サービス職	4,347.0	13.1	23.7	21.7	11.3	26.3
農林漁業労働者	12,429.7	37.6	21.0	46.1	―	37.0
生産・運搬・単純労働者	10,388.6	31.4	32.2	23.6	29.7	23.7
その他	13.3	―	―	0.5	3.7	0.1
合　計	33,061.2	100.0	100.0	100.0	100.0	100.0

(出典) タイ：Ministry of Labour [2002],
　　　 マレーシア：Percetakan Nasional Malaysia Berhad [1996],
　　　 インドネシア：Biro Pusat Statistik [2003],
　　　 シンガポール：Ministry of Manpower [2001],
　　　 フィリピン：National Statistical Coordination Board [2001]より作成。

など参照)。

　次に表4-3でタイの職種別就業者構成とその国際比較をみる。管理職・専門職・技術職の構成比の合計は一定の水準に達しており、国際比較ではマレーシアとほぼ同水準とみられ、社会階層としての「新中間層」の構成的比重の増大を想起させるが、一方では農林漁業労働者の高さは既述のごときタイの産業構造の反映であり、その構成比はやはりインドネシアやフィリピンと類似する。農林漁業労働者と生産・運搬・単純労働者の合計が就業者の7割近くに達しており、これと管理・専門・技術職層との階層格差が明瞭である。なお注意を要するのは、この種の公式統計では、都市雑業(いわゆる都市インフォーマル・セクター)の労働力がカウントされていないこと、また、周知のように東北地方を中心とする地方農村部の農業労働には外国人労働者が多数参入しており(ミャンマー人とラオス人を中心に1996年の時点で非合法就労者は70万人を超えている。末廣：1997)、この点も統計にどこまで反映しているか疑わしいなどの問題点があり、統計資料のみでは外国人労働者を含めた下層労働者層の全体像には迫れない。資料と実態との乖離には十分留意する必要がある。

表4-4 タイの学歴別就業者構成と国際比較

| | タイ(2002年) || 備考 ||
	労働者数(1,000人)	構成比(%)	インドネシア(2003年，%)	シンガポール(2000年，%)
未就学	1,177.0	3.6	5.2	—
小学校未修了	12,893.6	39.1	13.1	—
小学校卒	7,473.9	22.7	38.3	25.1
中学卒	4,302.4	13.1	20.1	13.0
高校卒	3,299.9	10.0	18.6	25.3
高専・専門学校卒	1,948.8	5.9	1.9	21.6
大学・大学院卒	1,862.9	5.6	2.7	15.0
	32,958.5	100.0	100.0	100.0

(出典) タイ：Ministry of Labour [2002]，
インドネシア：Biro Pusat Statistik [2003]，
シンガポール：Ministry of Manpower [2001]より作成。

　表4-4はタイの学歴別就業者構成であるが，同精度のデータが得られるインドネシアおよびシンガポールと高学歴化の進展度を比較してみる。高専・専門学校卒以上の高学歴者は10%を超えているが，他方で未就学・小学校未修了の合計が40%以上に達しており，学歴格差が顕著である。インドネシアと比較しても中学・高校卒の構成比が薄く，小学校卒以下の低学歴層と高専・専門学校卒以上の高学歴層との2極分化の傾向がみられる。このような学歴階層性が，前述の農工間の産業別地帯構造や職種別構成の格差構造と対応するものと考えられる。つまり首都圏の重層的な労働市場と農村諸階層とが連結して，上位の労働市場には高学歴層が，都市雑業や中小零細企業の労働市場には低学歴・不熟練労働力群が参入し，しかも追加労働力の主力がいまなお地方・農村部から流入するという供給構造が特徴的である。

　表4-5の企業規模別構成によれば，タイでは事業所数でみた中小零細企業の大きさが，労働者構成では大企業の比重増が顕著である。同表から以下のような諸点が指摘できよう。第1に，全国規模でみると，100人未満の事業所が事業所数で96.5%を占めるのに対して500人以上の事業所数が0.5%，1000人以上の事業所数が0.2%と圧倒的多数が中小零細規模の事業所であること。第2に，労働者数では，100人未満事業所で42.1%，これに対して500人以上事業所数が30.7%，1000人以上事業所数が20.1%と，大規模事業

表 4-5 タイの事業所規模別構成（労働者数による分類, 2002 年）

全国	1〜4人		5〜9人		10〜19人		20〜49人		50〜99人	
	事業所数	労働者数	事業所数	労働者数	事業所数	労働者数	事業所数	労働者数	事業所数	労働者数
実数	177,729	386,664	73,501	487,152	48,856	658,969	35,921	1,090,653	10,089	703,689
構成比(%)	49.6	4.9	20.5	6.2	13.6	8.3	10.0	13.8	2.8	8.9

全国	100〜299人		300〜499人		500〜999人		1000人以上		合計	
	事業所数	労働者数	事業所数	労働者数	事業所数	労働者数	事業所数	労働者数	事業所数	労働者数
実数	8,565	1,431,569	1,899	717,250	1,244	842,125	744	1,590,910	358,548	7,908,981
構成比(%)	2.4	18.1	0.5	9.1	0.3	10.6	0.2	20.1	100.0	100.0

バンコク首都圏	1〜4人		5〜9人		10〜19人		20〜49人		50〜99人	
	事業所数	労働者数	事業所数	労働者数	事業所数	労働者数	事業所数	労働者数	事業所数	労働者数
実数	81,039	184,029	41,460	276,670	28,894	390,626	21,975	670,439	6,130	426,881
構成比(%)	43.3	3.8	22.2	5.7	15.4	8.1	11.7	13.9	3.3	8.9

バンコク首都圏	100〜299人		300〜499人		500〜999人		1000人以上		合計	
	事業所数	労働者数	事業所数	労働者数	事業所数	労働者数	事業所数	労働者数	事業所数	労働者数
実数	5,213	873,655	1,172	444,437	810	544,671	461	1,011,351	187,154	4,822,759
構成比(%)	2.8	18.1	0.6	9.2	0.4	11.3	0.2	21.0	100.0	100.0

（注）農業部門, 国際機関, 宗教団体, その他の移動業態の事業は含まない。
（出典）Ministry of Labour [2002]。

所の雇用吸収力が相対的に大きくなっていること。第3に，大規模企業のバンコク首都圏への集中度をみると，500人以上事業所数でバンコク首都圏が全国の63.9％，1000人以上事業所数では62.0％を占めること。このようにバンコク首都圏を中心に雇用吸収力の相対的に高い大規模企業を頂点とする構成が確認できる。これらの大規模企業の大宗は外資系企業や現地の華人財閥系企業であり，またそこには前述の専門・技術職の高学歴労働者群や中等・高等教育修了者の多数が参入していることは容易に推察されよう。

　企業規模別構成の国際比較に関しては，管見の限りデータを公表している国は少なく，また企業規模の分類も異なるので比較が難しい。例えば，インドネシアについては企業規模別の構成が中央統計局のデータから得られるが，労働者数の分類では4人以下，5〜19人，20〜99人，100人以上の4段階のみで，しかもこの4分類では事業所数の構成のみが判明する（労働者20人の大・中規模事業所のみに限れば異なる分類もある）。同国では100人以上事業所数構成比はわずか0.1％であり（1996年），圧倒的多数の事業所の零細性を特徴とする。一方，シンガポールでは労働省の分類で，労働者25人以上の事業所について，25〜99人，100〜249人，250人以上の3分類の事業所構成のみ得られる。これによれば，100人以上の事業所数は23.7％，250人以上で7.8％となり，大規模企業への集中度が高くなっている。分類基準が異なるので同精度のデータ比較は困難だが，タイはインドネシアとの比較では大企業のやや分厚い集積が指摘できるものの，シンガポールとの比較からも分かるように，なお中小零細企業の広範囲な存在が特徴的と言えよう。

II　バンコク首都圏の日系企業労働市場

1　調査企業の概要

　まず調査企業3社の概要を示す。TA社は大手食品メーカーのタイ現地法人である。1988年，バンコク南部近郊のサムットプラーカーン県のバンプー工業団地に進出（バンプー工業団地には約150社が入居しており，うち約50社が日系企業），資本金は日本の100％単独出資（同現地法人の親会社

が90％，現地日系企業が10％）。設立以来，製品は99％が日本への逆輸出である(輸出先は日本のみ)。1997年経済危機では原料コストが割高になったものの大きな影響はなく，原料の現地調達，しかも全面的な輸出企業という利点を活かして経済危機にも強みを発揮した数少ない業種である。

TB社。2002年にチャチューンサオ県ウエルグロウ工業団地に進出した。日本の親会社の100％単独出資の自動車部品メーカーであり，製品の100％を在タイの大手日系自動車メーカーに供給している(タイの自動車生産は約90％が日系メーカー)。同社は日本最大の自動車メーカーの1次部品サプライヤーである。素材・部品の45％は日本から輸入する。現地の部品サプライヤーは22社，日系の2次部品メーカーがほとんどで純ローカルは2〜3社のみに止まっている(生産時期によって若干変動)。

TC社。1964年にサムットプラーカーンの工業団地に進出した家電メーカーで，工業化初期の草分け的存在である。当時の外資進出に一般的であった合弁企業の形態をいまも残している。合弁相手は現地華人財閥系企業であり，タイ側が58.9％，日本側41.1％の出資比率，役員構成では日本側がマジョリティを握り，工場の管理・運営は日本人駐在員が担当する。ただし製品の流通・販売網ではパートナーである華人財閥のネットワークが活用される。部品は現地進出の日系メーカーから調達，製品はタイ国内向けが34％，輸出が66％で，輸出のおよそ8割が日本への逆輸出となっている(いずれも2004年実績)。同社は日本の国内生産を大幅に縮小し，海外展開は中国(上海)とタイを2大拠点として，製品別の分業体制をとっている。

2　労働力の需要構造

次に調査企業の労働市場について需要構造から検討する。

表4-6が調査企業3社の職位構成である。国際比較の視点から，前著と同様に企業内の職位を7層に区分しているが，実際の職位構成の詳細は企業ごとに多様であることは言うまでもない。まず，インタビュー調査から得られた各社の特徴点から示そう。

TA社。生産部門の職長・班長から間接部門への昇格はこれまで例がなく，

表4-6 バンコク首都圏，日系企業3社の職位構成

	TA社			TB社			TC社		
	日本人	タイ人		日本人	タイ人		日本人	タイ人	
		男性	女性		男性	女性		男性	女性
取締役	2	2	—	2	3	—	7	15	—
管理職	2	1	2	3	20	3	5	40	6
技術職	—	3	5	—	11	—	—	}98	}64
事務職	—	2	7	—	25	13	—		
職長・班長	—	5	7	—	64	—	—	76	9
正規生産職	—	127	269	—	220	49	—	385	289
派遣工	—	—	—	—	(23)	(10)	—	(844)	
合計	4	140	290	5	343	65	12	614	368

(出典) 筆者調査(2005年2月)。

間接部門では事務・技術職から管理職への昇格も前例がない。一般生産職は中卒・高卒を採用，中卒クラスはとくに東北地方出身者が多く，高卒者ならば地元出身者も採用する。一般工員(正規職)は日給制で，グループリーダーに昇進すると(平均勤続年数2年)月給制に移行する。高専・専門学校・大卒はスーパーバイザーからの入職が原則である。

TB社。正規生産職のうち勤務成績の優秀者は班長に昇進するが(平均勤続年数6年)，班長・職長の間接部門への抜擢は行われていない。事務・技術職から管理職への昇進は可能だが最低10年の勤続を要する。創業時にはワーカーに中卒も採用したが，現在は高卒を原則としている。派遣会社から供給されている派遣工は，1年契約で主に工場内の清掃や荷役を担当しており，正規生産労働者とは職務内容も区別されている。派遣工には最低賃金と残業代が支給されるが，当社工員ではないので諸手当支給や福利厚生の対象外である。

TC社。正規労働者982人に対して，生産現場では派遣工が844人に達し，非正規労働者の比率が極めて高い。直・間の別では，直接部門1603人，間接部門223人。正規ワーカーは高卒を採用，昇進は係長までが原則である。スタッフ(事務・技術・管理職)は大卒を採用，調査時の現地人の最上位は副社長で引き抜きによる中途採用であるという。派遣労働者は正規生産職と同様に工場ラインに配置されており，一般職の正規工と職務内容に大きな差異

はない。派遣労働者の労働条件は，すべて派遣会社に任されており TC 社は関与しないが，学歴では高卒クラス，数カ月単位の契約雇用で賃金も調査時は 2005 年 1 月改定の当地最低賃金 175 バーツ(バンコクも同額)のみの支給であった。

　以上の 3 社に共通する企業内労働力編成の特徴をまとめると，第 1 に，間接部門，直接部門，さらに直接部門内部の正規労働者と派遣工の間に別個の入職と昇進＝昇給のルールがあり，仕切られた内部労働市場が形成されていること，第 2 に，どの職位に入職するかは所定の学歴(広義の学歴の意であり，単に四則計算，初歩的な語学力，国内外の常識的な経済事情などの基礎学力だけではなく，高専・専門学校卒では一定の技能習得度も評価対象とする)が応募要件となり，職位ごとに同一学歴者の中から選抜される。したがって間接部門と直接部門の職位間では入職時の学歴階層性が前提となるので，企業は入職前の学歴水準を評価していることになるが，入職後の人事考課による昇進＝昇給は後述のように能力・業績が大きなウエイトを占める。入職時が同じでも就けるポストは人事考課で大きく異なってくる。第 3 の特徴は，間接部門では内部昇進だけではなく，企業が需要する専門技術を持った熟練労働者を常時外部から補充するシステムも機能しており，閉鎖的な内部労働市場ではないことである。これも後述するが，離職・転職による労働者の流動性はかなり高く，外部労働市場との繋がりも常に維持されている。以上の特徴を総括すれば，部門ごとに仕切られた内部労働市場を原則としつつ，人事考課によって所属する部門内での昇進＝昇給を競うという限定的能力主義，しかもその内部労働市場は必ずしも閉鎖的ではなく，必要ならば高度専門職の人材を外部から補充するシステムも補完的に機能しているということになろう。

　一方，TC 社で大量雇用している派遣工は，契約期間の最低賃金のみを保証され，長期雇用による技能形成，昇進＝昇給の展望を閉ざされた短勤続の労働力である。派遣会社との契約で労働者を一括して採用しており，下請け企業・関連企業などからの「派遣」ではない。言うまでもなく企業はこうした非正規工員によって労働力需要の変動を調整する。かかる需要調整は，最

表 4-7 バンコク首都圏,日系企業 2 社の学歴別労働者構成

最終学歴	TA社	TB社	合計	構成比(%)
小学校卒	37	3	40	4.8
中学校卒	256	79	335	40.0
高校(普通科)卒	75	212	287	34.2
高校(職業科)卒	28	14	42	5.0
短大・高等専門学校卒	15	47	62	7.4
大学卒	19	53	72	8.6
合計	430	408	838	100.0

(出典) 筆者調査(2005年2月)。

　低賃金による労働コスト抑制という意味あいもあるが,正規労働者といえども賃金は相対的に低い水準にあるので,むしろ工場ラインの効率化という側面が強い。

　次に調査企業の学歴別労働者構成を表4-7でみるが,同表はデータが得られるTA社とTB社の集計である。この2社のデータからは,生産職労働者に中卒・高卒者を多数採用していることになる。既述のように,TA社は中卒の東北地方出身者を現在も採用し続けているが,TB社は創業時の中卒採用から現在は高卒の生産職採用に切り替えており,データの得られなかったTC社も生産職の高卒採用が原則であるから,調査企業全体としては高卒者が増加傾向にあるものと推察される。一方,短大・高等専門学校卒以上の高学歴者は16.0%であり,前掲表4-6の職位構成にみられる現地人の間接部門労働者比率11.6%にほぼ対応している。

　職位別平均賃金が表4-8である。データの得られたTB社とTC社の比較では,間接部門および直接部門の職長・班長層の職位で,自動車部品メーカーTB社の給与水準が家電メーカーTC社を上回っている。とりわけTB社では間接部門の管理職クラス,直接部門の職長層を厚遇しており,これが一般生産職の賃金との格差を大きくしている。TC社では,正規生産職のワーカーも日給制で入職時の基本給は最低賃金(調査時175バーツ)から始まり,それに諸手当(皆勤・シフト・通勤など)と残業代が加算され,人事考課に基づいて昇給する。しかし,派遣工は最低賃金のみの支給,日給は175バーツである。正規生産職と派遣工は,ライン従事者であれば生産現場の労

表 4-8 バンコク首都圏，日系企業2社の職位別平均賃金(月額)

(単位：バーツ)

	TB社			TC社		
	基本給	諸手当・残業	合計	基本給	諸手当・残業	合計
取締役	155,000	50,000	205,000	250,000	—	250,000
管理職	46,750	3,000	49,750	25,000	12,000	37,000
技術職	15,500	4,280	19,780	14,000	2,500	16,500
事務職	11,435	2,280	13,715	10,750	2,500	13,250
職長・班長	11,420	4,780	16,200	10,750	2,500	13,250
正規生産職	5,087	4,145	9,232	4,375	5,500	9,875
派遣工	(4,560)	(2,380)	(6,940)	(4,375)	—	(4,375)

(注) 調査時のレート，1バーツ＝2.7円。
(出典) 筆者調査(2005年2月)。

働内容に差異はないが，両者の賃金格差は明瞭である。なお，TB社の派遣工は前述のように工場内の清掃や荷役を担当しており，正規生産職と職務内容も区別されている。

以上のように企業内労働力編成における学歴・職位・賃金水準をみると，その格差構造とそこに共通する職位間の相関関係を読み取ることができよう。

3 労働力の供給構造

次に労働力の供給構造について，やはり前著と同様の調査項目によって東南アジア諸国と比較検討してみる。

まず表4-9が労働者の出身世帯職業構成(サンプル調査)であり，親の職業によって分類したものである。同表でまず注目すべきは，農業経営世帯出身者の構成比の高さであろう。「備考」欄に2000年調査のマレーシア，インドネシアの日系企業の同一調査項目の結果を掲げたが，この2国と比較してもタイの農業世帯出身者比率の高さは際だっている。前掲表4-2の産業別就業者の構成比では，タイとインドネシアの農(林漁)業の就業者構成比はほぼ同水準であったが，調査対象の日系企業の両国比較では農業世帯出身者比率でタイがインドネシアの2倍以上のポイントとなる。開発工業化＝都市化がバンコク首都圏に一極集中するタイでは，東北地方を中心に地方農村から首都圏への流入が現在も継続しており，日系企業のような高学歴層が参入する上

表 4-9　バンコク首都圏の日系企業

	TA 社 生産職	TA 社 事務・技術・管理職	TB 社 生産職	TB 社 事務・技術・管理職	TC 生産職
農業経営	30	3	27	3	19
農業労働者	―	―	2	1	2
工場労働者	2	―	5	2	3
事務職	―	―	―	―	5
職　人	―	―	―	―	1
商　人	4	1	1	1	2
自営業	1	2	5	―	3
公務員(行政職)	2	―	―	3	2
軍　人	―	―	1	―	―
教　員	―	―	1	1	1
その他	5	2	―	1	2
合　計	44	8	42	12	40

(出典)　筆者調査(2005 年 2 月)。

位の都市労働市場においても，農業から工業(製造業)へという異業種間の移動が労働力の主たる供給ルートとなっている。タイと同様に地方農村がなお広範囲に存続するインドネシアでは，ジャワを中心に全国からジャカルタ首都圏へ労働力が流入しているが，同時に数百万人規模の人口を擁する地方都市(バンドン，スラバヤ，メダンなど)の開発が進展し，地元および周辺農村の労働力を吸収している。ジャカルタ首都圏の労働市場の特徴は，日系企業のような上位の労働市場では，首都圏内部の高学歴層の労働者世帯(その中核は公務員世帯)から供給される労働力が地方農家出身者を上回る構成比を示していることである(宮本：2001)。タイとインドネシアでは，農村・都市間労働力移動の流路の全国的な構成に相違があるものとみられる。

　同表 4-9 の第 2 の特徴は，職位別にみると調査 3 社ともに生産職労働者に農家出身者が多いことであろう。部門別では現場の生産労働者のおよそ 6 割は農家出身者であり，生産労働者の主力が地方出身者によって占められていることになるが，前述のように生産職も中・高卒の学歴水準であり，地方で一定水準の修学を経た者が日系企業に入職していることは看過すべきではない。今回の調査では，出身農家の土地所有や経営規模，あるいは家計にまで

3社,労働者の出身世帯職業構成(サンプル調査)

社 事務・技術・管理職	合計	構成比(%)	備考 マレーシア日系企業 3社,2000年調査(%)	インドネシア日系企業 3社,2000年調査(%)
2	84	52.8	25.2	20.1
—	5	3.1	6.6	2.9
1	13	8.2	8.8	2.1
—	5	3.1	1.1	6.5
—	1	0.6	1.1	0.3
1	10	6.3	1.1	8.9
3	14	8.8	25.2	9.4
2	9	5.7	2.2	22.1
1	2	1.3	2.2	12.2
—	3	1.9	1.1	3.6
3	13	8.2	25.3	12.0
13	159	100.0	100.0	100.0

立ち入った調査を実施していないが,その学歴水準(親の教育投資への負担)からして,おそらく地方の農家の中でも比較的上層の世帯の出身者,あるいは兼業農家で農外収入が比較的高額の農村居住世帯の出身者であろうと考えられる(下層・貧農層の首都圏への主たる流出先が都市雑業や中小零細企業の労働市場であることは,すでに多くの先行研究が示しているところである。田坂:1991,松薗:1998など)。一方,職位別でみた事務・技術・管理職クラスの場合は,農家出身者が4分の1程度であり,工場労働者・自営業・公務員などを出身世帯としており,このクラスは例外なく高学歴者であるから,都市部の労働者世帯,しかも親の教育水準(あるいは子弟への教育熱)が高い労働者世帯であろう。このように,職位間で労働力の給源に相違があることにも注目すべきであり,高学歴を要する職種ほど都市部の労働者世帯の再生産の中から供給される傾向にあると考えられる。

次の表4-10が入職時の求職情報源(サンプル調査)である。同表から読み取るべきは,入職時の求人情報の親族・知人への依存度の高さであり,3社合計の構成比で61.7%に達していること,つまり地縁・血縁の縁故関係=人的ネットワークへの依存が根強いことであろう。この点は「備考」で示した

表4-10 バンコク首都圏の日系企

	TA社		TB社		TC
	生産職	事務・技術・管理職	生産職	事務・技術・管理職	生産職
親族情報	24	1	4	—	13
知人情報	10	3	11	6	16
新聞求人	1	—	5	—	4
職業斡旋所	1	—	4	1	1
学校求人	—	—	—	—	2
その他(企業独自広告等)	6	4	17	5	2
合計	42	8	41	12	38

(出典) 筆者調査(2005年2月)。

　マレーシア，インドネシアの調査企業とも共通した特徴であり，タイも含めてこれら諸国における労働市場の公的な組織化の遅れが目につく。ただしマレーシア，インドネシアでは間接部門の高学歴者を中心に新聞求人なども活用されており，専門・技術職の労働市場では一定の公的組織性と職業選択の自由度の広がりも看取されたが，タイでは調査企業に拠る限り職位間にも明確な差異は認められず，間接部門の高学歴者といえども縁故関係への依存度が強く，職業選択の範囲は限定されている。

　求職情報で地縁・血縁への依存度が高いのは，労働者の出身地域・出身世帯の特徴とも関連していよう。前述のように東北地方を中心に地方農村出身者が過半を占めており，こうした遠方の出身者は先行の同郷の親族・知人を頼って都市の職情報を得るのが一般的である。それゆえ，職場では特定の地方出身者が多数を占め，職員寮やアパートでも同郷出身者が共同生活するというケースが少なからずみられる。ちなみにTA社の東北地方出身者はペッチャブーン，ブリラム，ナコンラチャシーマ，ルーイなどの特定諸県の出身者が多数を占め，TB社ではスリン，サコンナコンなど東北諸県の出身者に偏重しているのは，上述のような事情によるものと考えられる。参考までに関連の調査項目から日本人スタッフの説明を紹介しておくと，TA社では「生産職の募集は工場前の求人張り紙が主で，間接部門の上位職は新聞求人も併用する」，TB社では「生産職から管理職まで，求人は工業団地内の

社 事務・技術・ 管理職	合計	構成比 (%)	備考	
			マレーシア日系企業 3社, 2000年調査(%)	インドネシア日系企業 3社, 2000年調査(%)
2	44	28.6	22.1	32.0
5	51	33.1	52.6	37.2
3	13	8.4	18.9	16.2
2	9	5.8	1.1	6.9
―	2	1.3	―	7.2
1	35	22.7	5.3	0.5
13	154	100.0	100.0	100.0

掲示板での張り紙が中心。管理職クラスは新聞求人を併用することもある。昨年(2004年)の工場拡張期に200人の求人広告を出したが，応募者は2000人を超えていた。ただし，専門職・技術職の優秀な人材に乏しいことが悩みの種」，TC社では「ワーカーの採用は面接のみで，基礎知識と経験を試す。競争率は通常約10倍になる。間接員のスタッフは技能修得度を重視したペーパーテストと面接を実施，競争率は15倍以上になる」とのことであった。

次に表4-11で労働者の転職回数(サンプル調査)をみておく。転職経験者の比率が3社合計で84.2％を占め，労働者の高い流動性を想起させる。転職率の高さはマレーシア，インドネシアなどとも共通しているが，例えば労働力過剰のインドネシアでは，生産職労働者の定着率が比較的高くなり，そのことが「転職経験なし」層の比率を高め，逆に人材不足の管理職・専門職の流動性が激しくなるといった特徴を持つ。同表のサンプル調査をみる限り，職位間の明確な差異は認められないが，ここでも調査企業の日本人スタッフの説明で補足しておこう。

TA社。「スタッフの離職率は年間数名程度でそれほど高くないが，品質管理のできるような優秀な人材の離職が目立つ。一般ワーカーの離職率は非常に高く，月間5％(平均20人前後)に達している。直接部門では労働者のおよそ3分の1は定着するが，それ以外は移動が激しい」。

表4-11 バンコク首都圏の日系

	TA社		TB社		TC
	生産職	事務・技術・管理職	生産職	事務・技術・管理職	生産職
転職なし	5	2	5	3	9
転職1回	19	1	16	3	16
2回	10	4	9	3	7
3回	4	1	5	3	6
4回	2	―	5	―	2
5回以上	3	―	2	―	―
合　計	43	8	42	12	40

(出典) 筆者調査(2005年2月)。

表4-12 バンコク首都圏の日系企業

	TA社		TB社	
	生産職	事務・技術・管理職	生産職	事務・技術・管理職
農業経営	3	―	1	―
農業労働者	2	―	―	―
工場労働者	30	2	33	2
事務職	1	4	―	7
職　人	―	―	―	―
商　人	―	―	1	―
自営業	1	―	1	―
公務員(行政職)	1	―	1	―
軍　人	―	―	―	―
教　員	―	―	―	―
その他	―	―	―	―
合　計	38	6	37	9

(出典) 筆者調査(2005年2月)。

　TC社。「スタッフの離職率は年率5～10％，とくに優秀な管理職・技術職クラスの引き抜きによる離職をたびたび経験している。生産職は年率3～5％程度で推移している」。

　転職経験者のキャリア・パターンをみるために，転職経験者の前職(サンプル調査)を集計してみると，表4-12のように前職を工場労働や事務職とする者が合計でほぼ8割を占めている。この点では，インドネシアでの調査結果とほぼ同様の傾向を示している。既述の労働者の流動性や出身地の地域的

企業3社，労働者の転職回数(サンプル調査)

社 事務・技術・管理職	合 計	構成比(%)	備 考 マレーシア日系企業 3社，2000年調査(%)	インドネシア日系企業 3社，2000年調査(%)
1	25	15.8	29.0	49.4
5	60	38.0	29.0	20.9
2	35	22.2	24.0	13.3
4	23	14.6	12.0	10.8
—	9	5.7	5.0	4.4
1	6	3.8	1.0	1.3
13	158	100.0	100.0	100.0

3社，転職経験者の前職(サンプル調査)

TC社 生産職	事務・技術・管理職	合 計	構成比(%)	備 考 インドネシア日系企業 3社，2000年調査(%)
6	—	10	7.5	—
2	—	4	3.0	0.5
12	3	82	61.7	53.4
5	7	24	18.0	23.6
—	—	—	—	2.6
1	1	3	2.3	4.2
2	—	4	3.0	8.9
2	1	5	3.8	3.1
—	—	—	—	—
1	—	1	0.8	3.7
—	—	—	—	—
31	12	133	100.0	100.0

特徴を併せ考えると，首都圏の出身者はもちろんのこと，過半の地方農村出身者も一旦工業地帯に流入して転職を繰り返すものとみられる。

4 日本的経営・生産システム

最後に日本企業の労務人事管理に対するタイ人労働者の選好を知るために，表4-13のような労働者意識調査(サンプル調査)を実施した。これは，他の外資系企業との比較で日本企業の優位性を問うたものである。

表4-13 バンコク首都圏の日系企業3社,日系企業の優

	TA社 生産職	TA社 事務・技術・管理職	TB 生産職
①長い期間働くことができる。	28	8	13
②基本賃金が高い。	2	4	4
③諸手当の給付が充実している。	5	6	1
④福利厚生が充実している。	38	5	24
⑤専門技術が早く身につく。	7	3	11
⑥勤続年数や年齢を重視して評価する。	5	2	5
⑦集団で仕事をする。	17	2	14
⑧いろいろな種類の仕事を担当できる。	9	4	13
⑨QCサークルが有益である。	7	—	10
⑩労使関係が安定している。	13	2	12
合　計	131	36	107

(出典) 筆者調査(2005年2月)。

　特徴点は,職層の違いを超えて①の長期勤続の保証,④の福利厚生の充実を評価する労働者が多く,回答者の過半がこれを支持している。逆に②や③の賃金・諸手当,⑥の年功重視に対しては評価が低い。労働者の定着を図る長期雇用や福利厚生は高く評価するが,対照的に低賃金や日本独特の年功的処遇には不満が強いと言えよう。職位別にみると,事務・技術・管理職では,①に加えて賃金・諸手当への評価がやや高くなり,⑤の専門技術の習得や⑧のジョブローテーションへの期待もあり,この点は高学歴者層の職業意識を反映しているのかもしれない。日本的経営・生産システムの定着度を知る手がかりとして,さらに調査企業の管理職スタッフへのインタビューを基に各社の特徴をまとめておく。

　TA社。日本人スタッフによれば,「QCサークル・小集団運動などもやりたいが,実際のところ非常に難しい。人事考課の基本は,一般ワーカー(日給制労働者)が出勤率・勤務態度・職務達成度の重視,上位職ほど能力重視の評価項目を盛り込んでいる」という。労働者を定着させる施策としては,賃金以外の諸手当で住宅手当・役職手当・皆勤手当・食事補助を支給,その他の福利厚生では年間5000バーツを上限として医療費支給,退職金積立や労災保険への加入も独自に実施している。技能訓練はOJTが中心だが,生

位性に関する労働者意識調査(サンプル調査，複数回答)

社	TC社		合 計	構成比(%)	全回答者(161人)に占める選択率(%)
事務・技術・管理職	生産職	事務・技術・管理職			
8	20	7	84	19.6	52.2
6	10	—	26	6.1	16.1
—	12	2	26	6.1	16.1
6	22	6	101	23.5	62.7
4	5	—	30	7.0	18.6
2	7	1	22	5.1	13.7
2	5	1	41	9.6	25.5
2	3	4	35	8.2	21.7
—	7	3	27	6.3	16.8
3	6	1	37	8.6	23.0
33	97	25	429	100.0	

産現場のグループリーダー以上の職務には定期的な社外研修，間接部門の管理職には日本への出張研修も実施しているという。

　TB社。「年功的な賃金体系から実績重視の賃金制度に移行させているが，従業員に学歴意識が強く，最終学歴や職務経験も配慮した評価をせざるを得ない。恒常的なQCサークルは存在しないが，グループでの改善提案活動は試行，生産職労働者は学歴・職歴の他にマニュアルどおりの担当職務の標準作業ができるかどうか，職務達成度が評価の基本である。上位職では能力給の評価比重を高めている」という。

　TB社の人事考課についてはスタッフからやや詳しい説明を得たので，以下に要点を記す。まず正規生産職労働者の場合，7月に年間の上期人事考課を，12月に下期人事考課を実施する。評価方法は，まず「チャレンジ得点」，「能力得点」，「姿勢得点」に大きく3区分され，その総得点によって昇進・昇格が決まる。例えば「チャレンジ得点」は，半期ごとに各人に3項目の「チャレンジ課題」(目標内容，取り組み内容，改善・習得結果)を提出させ，上司が評価する。「能力得点」に関しては21項目にわたる「能力チェック項目」に基づいて，やはり上司が評価する。例えば高卒で入職した生産職労働者に対しては，「担当職場の業務進捗状況の異常・正常が分かる」，「廃

却不良の低減目標が達成できる」,「安全活動が実践できる」,「6S(整理・整頓・清潔・清掃・しつけ・しっかり)ができる」など8項目が中心的に評価される。「姿勢得点」では勤務態度・欠勤率・早退率などがチェック項目となる。現場生産職はG1～G6のグレードに区分され,各グレードはさらに8段階(号俸)の職階から成る。グレードの昇進には3つの必要条件が設定されており,「号俸が6以上であること」,「賞与評価が過去2回ともAまたはBであること(5段階評価の上位2ランク)」,「能力得点を8割以上獲得していること」であり,上記の「チャレンジ」,「能力」,「姿勢」のうち昇進にはとりわけ「能力」が大きなウエイトを占めることになる。当該グレードで号俸が上位に達しても,賞与評価・定期評価の「能力」項目で高い評価を得ないと次のグレードに昇進できないシステムである。かかる評価システムでは,勤続年数や年齢が評価内容に入り込む余地はない。前述の学歴・技能の評価は,入職時に各自のグレードが高卒ならG1から,専門学校ないしは同程度の技能取得者ならG4からというように,就労の出発点でそれまでのキャリアとして格差をつけることになる。しかし,入職前の学歴や技能水準はその後の昇進・昇格のスピードには考慮されないので,やはり「能力・実績主義の人事管理」(同社副社長)が重視されていると言えよう。間接部門労働者に関しては,上記のような人事考課の詳細は得られなかったが,スタッフの説明では生産職労働者以上に「能力・実績」部分にウエイトを置いた評価基準を作成しているとのことであった。

　TC社。「人事考課ではワーカーは勤務態度,マニュアルどおりの職務達成度を重視。スタッフはそれに加えて担当部門の目標達成に関する責任感の有無が重要な評価基準となっており,日本的な労務人事管理は持ち込まない。社内の人材育成では技術者・管理職の養成が課題であり,定期的な社内研修・社外セミナーへの参加を義務づけている」(日本人スタッフ)という。同社では長期勤続へのインセンティブとして,10年以上の勤続者に対して定年(55歳)退職時に支給する退職一時金の積立制度も実施している(退職時基本給の10倍,積立は会社が給与の5～7%,本人が3%を負担)。なお,TC社ではタイ人の女性マネージャー(現地人の中で最長年数の勤続)へのインタ

ビューが許可されたが，彼女の説明で興味深かったのは，「日本人は日本の人事管理の常識がタイでもそのまま通用すると考えている人が多いが，それがタイでの常識とは限らない」と暗に日本的な労務管理を批判していたことである（一層の具体的説明を求めたが，同席した日本人経営者への配慮からか，それ以上は発言しなかった）。「日本的な労務人事管理は持ち込まない」との日本人スタッフの公式説明とは裏腹に，日本的な職場慣行を当然視する日本人駐在員の行動を，このタイ人管理職は敏感に感じ取っているのかもしれない。

お わ り に

　バンコク首都圏の日系企業における労働市場の特徴に関して，本章では近隣の東南アジア諸国のそれとの国際比較に留意しつつ検討してみた。近隣の東アジア・東南アジア諸国に進出した日系企業は，NIEs企業や欧米企業との厳しい競争関係の中にあるのに対して，タイ（バンコク首都圏）は日本自動車業界のアジア展開の拠点のひとつであり，依然として日系企業のプレゼンスが圧倒的に大きい。それゆえ，日系企業のアジア進出と現地に展開する労働市場の相互関係を検証する格好の舞台でもあろう。

　この国の就業構造は，都市化のバンコク（首都圏）への極端な一極集中，他方で広範な農村部の存在という，戦後開発史の特徴に強く制約されており，進出する日系企業もこの国の全国的な労働力編成を前提とせざるを得ない。一定の工業化の進展にもかかわらず，第1次産業の構成比が高く，首都圏の就業者は高学歴層と低学歴層とに2極分化する傾向にある。

　日系企業の事例をみると，労働力の需要面では，入職前の学歴・技能達成度を基準とした労働力配置と分節的な内部労働市場の形成，入職後は人事考課によって各部門内での限定的能力主義管理，高度専門職に関しては外部労働市場との補完的連結，短勤続の派遣工（非正規工）による需要調整などが特徴的であり，これらの諸点の中には他の東南アジア諸国や中国の日系企業との共通点も看取される。供給面では，タイ全国の就業構造のあり方に強く制

約されて，生産職労働者の地方・農村部からの大量流入，全職層にわたる地縁・血縁の縁故関係に基づく求職，これまた全職層に及ぶ流動性の高さと地方出身者も含めた首都圏労働市場での流動化も特徴的であった。

　また日系企業に対する労働者の意識調査をみると，タイ人労働者の評価はアジア諸国で実施している同調査の典型的結果を示しているとも言えよう。調査企業をみる限り，経営側はタイ人の労働観に応じて人事考課などで「適応」を試みているが，他面で企業進出の本来的動機からする非正規・短勤続雇用の拡大は，上述のような日系企業のメリットとも言うべき側面(現地での評価も高い)を活かせないというディレンマを内包していると思われる。

第5章

マレーシアの日系企業と労働市場
――クアラルンプル首都圏の事例分析――

はじめに

　戦後マレーシアの歴史は、ブミプトラ政策の歴史であると言っても過言ではない。周知のように、戦前期のイギリス植民地支配下において、スズとゴムの産出に特化したモノカルチュア経済の形成は、中国人とインド人の債務移民労働者の大量流入によって支えられていた。現地マレー人と移民労働者は、イギリス植民地政庁の民族分断的な雇用政策によって、特定の産業・業種との強い相関をもって就労を強いられた。植民地型のモノカルチュア経済から出発した戦後のマレーシア政府は、多民族国家の建設において、深刻な民族間の利害対立を調整する必要から、多数派だが貧困層が圧倒的多数を占めるマレー系住民を優遇すべくブミプトラ政策を採用してきた（以上の諸点について詳しくは、宮本：2002を参照されたい）。

　したがって、この国の労働市場の検討も、まずは労働力の民族別構成に着目する必要がある。前回のマレーシア労働市場の調査研究で明らかにしたように、マレーシア人3民族の労働市場における格差構造の特徴の解明も依然として重要である。しかし同時に、深刻な労働力不足ゆえにこの国の底辺労働を担う中心部隊は、もはやマレー系マレーシア人ではなく、近隣アジア諸国から流入する外国人労働者に代替されつつあり、いまや労働市場の重層化は国際的なそれも視野に入れて一層多元的に捉えねばならない。ビジョン2020（Wawasan 2020：2020年までに先進国入りを目指す）を展望して、MSC（マルチメディア・スーパー・コリダー）構想に象徴されるようなIT立国を目指す諸政策は、一面では確かにマレーシア人の総体としての高学歴化を促し、専門職労働者を中心にいわゆる「新中間層」の構成的比重を高めているが、他面では農業・建設業・製造業などの底辺労働に外国人労働者が大量流入して、労働格差は一層拡大しているようにもみえる。

　筆者は2000年8月にクアラルンプル首都圏の日系企業の労働市場について調査しており、今回はその後の変化を追跡すべく、2006年2月に前回と同一の企業について再調査を実施した。そこで本章では、2000年以降の首都圏日系企業の労働市場の変化、とくにマレーシア人3民族の労働力編成と

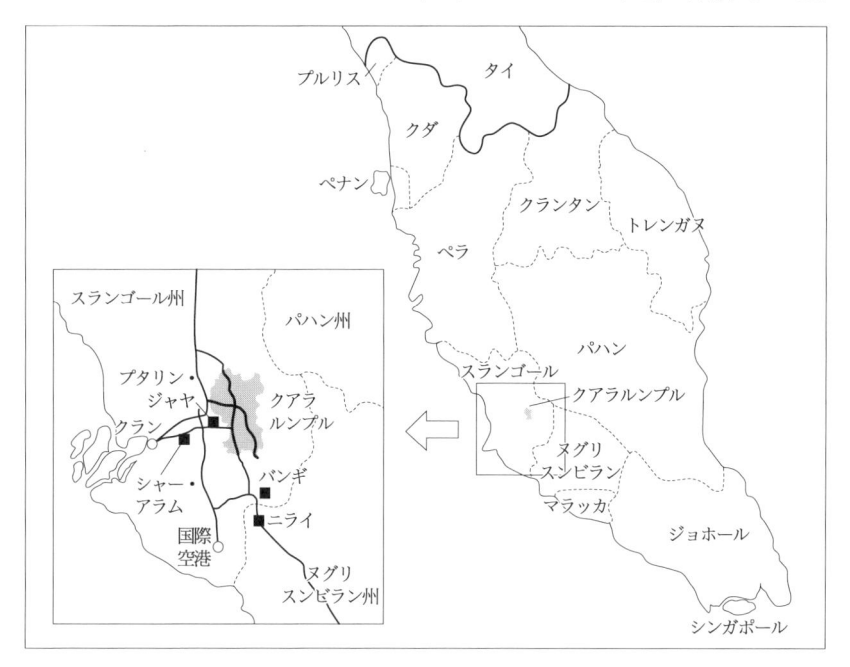

図5-1 西マレーシア，クアラルンプル首都圏

ともに，マレーシア人と外国人の労働格差の問題にも焦点を当てて，現代マレーシアが直面している労働問題の一端を剔出してみる（図5-1を適宜参照，先行研究については宮本：2002でやや詳しく触れたので，繰り返しを避けて割愛する）。

I 現代マレーシアの労働力構成と直接投資

1 労働力構成

以下では，まず労働力の質・量構成に関する近年の変化について，マクロ統計によって産業別，民族別，国籍別に概観しておこう。

表5-1が，産業別の就業者構成を1990年代から2003年までの推移でみたものである。産業構造の高度化に伴って，第1次産業の減少は顕著であり，

表5-1 産業別労働力(就業者)人口の推移 (単位:1000人)

	1990年	構成比(%)	1995年	構成比(%)	2001年	構成比(%)	2003年	構成比(%)
農林漁業	1,738	26.0	1,527	20.0	1,420	15.2	1,408	14.3
鉱業	37	0.6	33	0.4	28	0.3	30	0.3
製造業	1,333	19.9	1,780	23.3	2,180	23.3	2,131	21.6
建設業	424	6.3	611	8.0	832	8.9	943	9.6
電気・ガス・水道	47	0.7	48	0.6	55	0.6	58	0.6
運輸・通信	302	4.5	359	4.7	466	5.0	482	4.9
商業・ホテル・レストラン	1,218	18.2	1,371	17.9	2,048	21.9	2,236	22.7
金融・保険・不動産	258	3.9	364	4.8	570	6.1	627	6.4
政府・社会・個人サービス	1,329	19.9	1,552	20.3	1,758	18.8	1,955	19.8
合計	6,686	100.0	7,645	100.0	9,357	100.0	9,870	100.0

(出典) Percetakan Nasional Malaysia Berhad [2001], Department of Statistics, Malaysia [2004a]より作成。

製造業は1990年代半ばに20%台を超えるもののその後は停滞,2000年に入ってむしろ絶対数・構成比ともにやや減少傾向を示し,サービス産業が構成比を高めている。サービス産業の質的変化についてデータでは明示的ではないが,IT関連や金融・情報などの高度サービス産業部門の成長が推察される。

このような産業別就業者の構成を,本章執筆時の最新の単年度データで民族別にクロスさせたのが表5-2である。マレーシア人3民族の比較では,民族間の全体構成比に比してマレー系は第1次産業,中国系は商業・金融などのサービス業,インド系は製造業の他に運輸・通信業の構成比が高いといった特徴は依然として変わらないが,外国人が農林漁業・製造業・建設業・サービス業などに集中しているのも特徴的である。

その外国人労働者の出身国別構成の推移をみたのが表5-3である。資料の制約から出身国別の構成は2001年と2004年のみ示しており,外国人労働者は合法就労者のみでも1990年の24万2000人から,1995年47万9300人,2001年86万3800人,2004年135万9600人と急増し,国別ではインドネシア人が過半を占める一方で,今世紀初頭からネパール人・インド人・ミャンマー人の増加ぶりが顕著である(Ministry of Finance, Malaysia: 2004)。外

表5-2 民族別にみた産業別労働力(就業者)人口(2003年)

(単位:1000人)

	マレー系	構成比(%)	中国系	構成比(%)	インド系	構成比(%)	外国人	構成比(%)
農林漁業 (構成比%)	907.9 (65.4)	16.3	140.2 (10.1)	5.6	54.4 (3.9)	7.5	285.5 (20.6)	29.2
鉱業 (構成比%)	22.3 (71.5)	0.4	5.0 (16.0)	0.2	2.9 (9.3)	0.4	1.0 (3.2)	0.1
製造業 (構成比%)	1,147.5 (54.3)	20.6	505.6 (23.9)	20.2	224.2 (10.6)	30.9	236.6 (11.2)	24.2
建設業 (構成比%)	445.6 (47.8)	8.0	310.4 (33.3)	12.4	42.8 (4.6)	5.9	133.0 (14.3)	13.6
電気・ガス・水道 (構成比%)	44.6 (81.1)	0.8	5.0 (9.1)	0.2	4.4 (8.0)	0.6	1.0 (1.8)	0.1
運輸・通信 (構成比%)	295.2 (62.0)	5.3	107.6 (22.6)	4.3	62.4 (13.1)	8.6	10.8 (2.3)	1.1
商業・ホテル・レストラン (構成比%)	1,013.8 (45.8)	18.2	938.6 (42.4)	37.5	140.7 (6.4)	19.4	120.3 (5.4)	12.3
金融・保険・不動産 (構成比%)	317.5 (51.1)	5.7	227.8 (36.7)	9.1	60.2 (9.7)	8.3	15.6 (2.5)	1.6
政府・社会・個人サービス (構成比%)	1,375.8 (70.7)	24.7	262.8 (13.5)	10.5	133.5 (6.9)	18.4	174.0 (8.9)	17.8
合計 (構成比%)	5,570.2 (57.0)	100.0	2,503.0 (25.6)	100.0	725.5 (7.4)	100.0	977.8 (10.0)	100.0

(出典) Department of Statistics, Malaysia [2004a] より作成。

表5-3 外国人労働者(合法就労)の出身国別構成

	2001年 外国人労働者数	構成比(%)	2004年 外国人労働者数	構成比(%)
インドネシア人	590,800	68.4	904,155	66.5
ネパール人	63,000	7.3	125,086	9.2
バングラデシュ人	147,700	17.1	108,771	8.0
インド人	34,600	4.0	61,183	4.5
ミャンマー人	8,600	1.0	57,105	4.2
フィリピン人	8,600	1.0	14,956	1.1
タイ人	3,500	0.4	13,596	1.0
パキスタン人	3,500	0.4	1,360	0.1
その他	3,500	0.4	73,420	5.4
合計	863,800	100.0	1,359,632	100.0

(注) 2001年の外国人労働者数は概数。
(出典) Ministry of Finance, Malaysia [2004] より作成。

表5-4 外国人労働者の産業別構成比 (構成比:%)

	1990年	1995年	2001年	2004年
農 業	47.9	36.1	32.9	24.7
鉱 業	0.6	0.4	0.2	—
建設業	10.4	13.5	11.5	19.8
製造業	9.8	24.1	24.7	30.5
サービス業	31.3	25.9	30.7	25.0
合 計	100.0	100.0	100.0	100.0
実数(1000人)	242.0	479.3	863.8	1,359.5

(出典) Ministry of Finance, Malaysia [2004]より作成。

国人労働者の産業別構成比を表5-4でみれば，これも合法就労者のみであるが，農業が減少して製造業の増加が読み取れる。サービス業に関しては同表出典の解説によれば「家事メイドが1997年の7万5300人から2004年には26万1000人に増加している」とのことであり，外国人のサービス業従事者の大半がおそらく若年女性の家事メイドであろうと推察される。

マレーシアはアジア諸国の中でも例外的に労働力の不足国と言われており，政府は労働力不足が深刻な業種・職種に外国人労働力を導入，それはとりもなおさずマレーシア人が忌避する不熟練・単純労働であり，重筋的な底辺労働であった。歴史的には農園労働・建設労働の市場にインドネシアなどの特定国から外国人が参入し，1990年代に製造業も条件付きながら外国人の就労を許可した。ときには非合法就労者の大量流入を規制する措置もとったが，労働力需要の変動に応じて不法就労者対策もめまぐるしく変化した。いずれにしても近隣の低所得国から流入する外国人の圧倒的多数は，高学歴化するマレーシア人に替わって不足する単純労働の担い手に過ぎないが，長期的には政府が外国人に対して合法就労を認可する業種・職種と入国可能な近隣の国数が増加する傾向にある。表5-5に最新データ(本章執筆時)で労働力の民族別学歴構成を示しておいた。外国人労働者の6割は未就学ないしは初等教育のみの学歴で，マレーシア人3民族と比較しても学歴格差が歴然としており，学歴・技能を要しない不熟練・単純労働の主体とならざるを得ない。なお，外国人労働者のうち高度専門職は3%程度であり，IT関連のソフトウェア開発，医療・教育関連の専門職が中心となる(主に先進国から流入する

表5-5 民族別にみた労働力の学歴構成比(2003年) (%)

	マレーシア人			外国人
	マレー系	中国系	インド系	
未就学者	4.9	2.2	3.4	11.0
初等教育(1〜6年)修学者	19.1	19.9	20.0	49.0
中等教育(1〜5年)修学者	58.2	57.0	60.1	31.1
高等教育修学者	17.8	20.9	16.5	8.9
合　計	100.0	100.0	100.0	100.0

(出典) Department of Statistics, Malaysia [2004b] より作成。

高度専門職労働者がこれに含まれる。Department of Staistics, Malaysia: 2004b)。

　以上，マクロデータで民族別の労働力構成を概観した。長年にわたるブミプトラ政策にもかかわらず，マレーシア人3民族の就労格差が解消したとは言い難く，しかもそれ以上に重視すべきは，底辺労働を担う外国人労働者とマレーシア人との就労格差が顕在化していることであり，労働市場が幾重にも階層化していると推察される。

2　外国直接投資と日系企業

　前著でみたように，マレーシアにおける外国企業固定資産の累計では1990年代まで日本が首位であったが(第2位＝台湾，第3位＝アメリカ，第4位＝シンガポール)，投資額では1980年代後半からアジアNIEs諸国の追い上げ，それに欧米の投資増が加わって，日本の優位は明らかに崩れている。1980年代後半の年平均認可投資額でみた上位5か国は，台湾(19億1600万RM[リンギット])，日本(17億9100万RM)，アメリカ(16億4000万RM)，シンガポール(5億3500万RM)，イギリス(3億9100万RM)の順であったが，2001〜05年の5年平均ではドイツ(25億2200万RM)，アメリカ(22億2800万RM)，日本(18億5800万RM)，シンガポール(16億5400万RM)，韓国(6億9300万RM)となる。欧米，アジアNIEs，日本の3者が投資の面でも厳しい競争関係にあると言えよう。投資分野としては，IT関連のインフラ整備やサービス産業が目立っている(以上のデータは，ジェトロ・クア

表5-6 日系企業数の推移

	1986年	1992年	1998年	2002年	2005年
製造業	214	447	776	786	729
電機・電子	30	181	335	350	310
非製造業	263	399	657	582	578
合　計	477	846	1,433	1,368	1,307

(出典) ジェトロ・クアラルンプル[2005]より作成。

表5-7 日系企業の地域別進出状況

	1986年	1992年	1998年	2002年	2005年
クアラルンプル	206	271	380	304	284
スランゴール州	100	260	529	561	569
ペナン州	40	107	129	119	111
ジョホール州	23	78	144	157	137
ヌグリスンビラン州	4	18	49	48	46
マラッカ州	8	17	24	27	29
その他9州合計	96	95	178	152	131
全国合計	477	846	1,433	1,368	1,307

(出典) ジェトロ・クアラルンプル[2005]より作成。

ラルンプル：2005)。

　こうしたなかで，日系企業の経営戦略は，アジア域内における企業内分業，同業者間の国際分業の一層の進展を背景とした経営の整理統合であり，具体的には特定品目やパーツ生産への特化，あるいは労働コスト対策としての外国人労働者・派遣労働者の雇用拡大，さらに周辺の低賃金国への生産シフトなどである。

　表5-6に掲げた日系企業数の推移をみると，総数では1998年をピークに減少，製造業も2000年代に入って減少傾向にある。企業数減少の要因に関する詳しい情報は得られなかったが，アジア域内での事業の整理統合，あるいはインドネシアのバタム，ベトナム，中国など，産業インフラ・物流面でマレーシアと遜色ないレベルに達している近隣の低賃金国・地域へのシフトが想起される。表5-7の日系企業の地域別進出状況をみれば，1980年代後半〜1990年代前半は，クアラルンプルおよびスランゴール州の首都圏ばかりでなく，ペナンやジョホールなどの地方工業地帯への進出も目立ったが，

その後は地方分散化もそれほど進展せず,むしろ首都近郊のスランゴールの工業団地に集中する傾向にある。経営の国際化と人事・労務管理の効率化が,かかる傾向を生む背景にあるように思われる。いずれにしてもマレーシアの日系企業は,欧米諸国・アジアNIEs諸国の企業との厳しい投資・経営競争と,マレーシア人の労働力不足・高賃金化に対応した新たな経営・労務戦略を迫られることとなっている。

II　首都圏日系企業の労働市場

1　調査企業の概要

まず調査対象の日系企業2社の概要から示す。

MA社は,1990年にシャー・アラム工業団地に進出した大手家電メーカーであり,工場ではカラーテレビ部品を生産している。原料・素材はそのほとんどを現地進出の日系下請けメーカーから調達しており,純粋ローカル企業からの調達は10%以下で梱包材に限定される。製品のおよそ65%は輸出向け,輸出先はASEAN 49%,中国11%,北米3%の順(2004年実績)である。同社の事例は,日系家電製品のアジア現地生産が,日系下請け企業と現地で一体化して特定品目または特定パーツの生産に特化し,中国・東南アジアの域内で分業体制を進展させつつあることを示す典型である。一方,MB社は1989年にバンギ工業団地に進出した大手家電メーカーで,工場ではパソコンのパーツ生産に特化しており,製品は100%輸出向けで,やはりMA社と同様の経営戦略をとっている。調査対象の2社は,マレーシア政府のIT立国政策に沿って進出している電機・電子メーカーであり,いずれもクアラルンプル首都圏の大型工業団地に入居して各種の免税特典などを享受している。工業団地内では関連の日系部品メーカーと一体化した現地一貫生産を特徴とするが,マレーシアのローカル企業との連携は希薄であり,直接投資のインパクトは専ら労働市場の側面において直接的に顕現する。

表 5-8　クアラルンプル首都圏,

	M A 社						
	2000 年			2006 年			
	マレーシア人		外国人	マレーシア人		外国人	
			バングラデシュ人			バングラデシュ人	インド人
	男性	女性	男性	男性	女性	男性	男性
取締役	1	—	—	1	—	—	—
管理職	12	1	—	19	2	—	—
技術職・事務職	48	4	—	319	77	—	—
工場職長・部門長	51	1	—	114	—	—	—
ラインリーダー	122	5	—	124	—	—	—
オペレーター	1,965	306	—	505	133	—	—
臨時工・派遣工	—	—	584	111	—	324	735
合　計	2,199	317	584	1,193	212	324	735

(出典)　筆者調査(2000 年 8 月, 2006 年 2 月)。

2　内部労働市場

次に調査2企業における内部労働市場の検討によって，労働力需要の構造的特徴をみるが，前述のように資料的に可能な限り，前回 2000 年調査とのデータ比較も試みる。

表 5-8 に日系企業 2 社の職位構成の推移を掲げている。職位は前回の調査データとの比較に留意して 7 層に区分している。前回とほぼ同様の調査結果が得られた諸点は，職層が下から非正規雇用の臨時工・派遣工の生産職，正規雇用の生産職，正規雇用の間接員(事務職・技術職・管理職)という 3 層構造を成し，それぞれ学歴や技能水準などの異なる採用要件によって別個の入職口を持ち，入職後は別個の雇用条件と昇進＝昇給のルールで管理されていること，また非正規労働者は雇用期間を限定された短勤続の生産職労働者群であり，正規労働者の場合も直接員から間接員への昇格は原則として認められず，内部労働市場が重層化し分節化していること，などである。

前回調査との共通点とともに，今回の調査結果から注目したい点は，生産職労働者にみられる雇用形態の構成変化であり，それは 2 社ともに工場現場の下層職位がマレーシア人から外国人に代替されていることである。MA社では，外国人労働者比率が 2000 年の 18.8％から 2006 年には 53.9％に急激

日系企業2社の職位構成の推移

	MB社					
	2000年			2006年		
	マレーシア人		外国人	マレーシア人		外国人
ネパール人			インドネシア人			インドネシア人
男性	男性	女性	女性	男性	女性	女性
—	—	—	—	—	—	—
—	29	2	—	44	8	—
—	74	18	—	104	73	—
—	}85	}13	—	80	21	—
—			—	119	85	—
—	158	761	—	43	436	—
582	113	296	468	—	152	540
582	459	1,090	468	390	775	540

に上昇，さらに1カ月単位で雇用するマレーシア人派遣工員も導入しており，これも生産調整の安全弁として利用される。MB社でもマレーシア人の生産職労働者(正規工・派遣工)が縮小して，代わりに外国人が増加傾向にある。

外国人労働者についてやや詳しくみると，MA社のバングラデシュ人は企業が直接リクルートして短期の雇用契約を結んだ臨時工，これに対してインド人・ネパール人はマレーシア国内の派遣会社との契約による派遣工である。同社の直接部門は重筋的な作業工程がほとんどであるため，外国人生産職は全員男性(平均年齢は28歳)である。外国人は2年契約を原則とするが，その後は更新を重ねて最長5年間の就労が可能となっている。2000年の調査時の聞き取りでは，外国人労働者は出身国の斡旋業者を通じて企業が直接契約を結ぶのが一般的であった。しかし，調査時の2年前(2004年)から外国人労働者に関してもマレーシア国内の派遣会社の利用が認められるようになり，バングラデシュ人に替わってインド人とネパール人を採用，これによってMA社では派遣工が急増した。「生産現場のきつい仕事にマレーシア人を就けるとすぐに離職する。そういう仕事は外国人が代替する傾向にある」(同社社長)という。外国人労働者の雇用は全従業員の2分の1までとされているが，MA社スタッフの説明によれば，グループ企業全体で外国人

表5-9 クアラルンプル首都圏，日系企

	MA 社					
	2000年			2006年		
	マレー系	中国系	インド系	マレー系	中国系	インド系
管理職	6	6	1	8	10	3
技術職・事務職	17	25	10	272	74	50
工場職長・部門長	38	—	14	91	8	15
ラインリーダー	99	3	25	112	—	12
オペレーター	2,217	3	51	574	—	63
臨時工・派遣工	—	—	—	111	—	—
合計	2,377	37	101	1,168	92	143

（出典）筆者調査(2000年8月，2006年2月)。

を全従業員の半数以下に抑えているとのことであった。

　一方，MB社では電子部門の量産工程を担当する女性労働にインドネシア人が雇用されている。同社では，ここ数年正規労働者は間接員のみ採用し，生産職は同社内でコントラクターと呼ばれているマレーシア人の派遣労働者と外国人労働者の採用・更新のみに止めている。インドネシア人の場合も，新規採用時は2年契約を原則とするが，最長5年まで更新延長できる。同社スタッフの説明によれば，インドネシア人女性のほとんどは未婚の10歳代後半〜20歳代前半の年齢層で，スマトラの人材斡旋会社を利用して採用，新規契約して2年後に10〜15％程度は帰国するが(環境不適合や家庭の事情などによる)，8割以上が毎年の更新を繰り返して上限の5年間就労するという。同じく同社スタッフが率直に語るところによれば，このような直接員の採用方法の変更後は「かつてのような人手不足に悩むということがなくなった。コントラクターの補充は容易なので，雇用調整も可能になった」，「労働力の需給調整，人件費の節減には有効だが，職場のマレーシア人のリーダーの養成が難しいという問題点も抱えている」という。単純作業の短勤続ゆえに技能形成の展望を欠いた外国人労働者の大量導入は，雇用調整・人件費節減という短期的な経営戦略には有効でも，結局のところ技能の蓄積と体系化という点で長期の安定的な企業経営の保証とはなりえないとも言えよう。

業2社のマレーシア人の民族別職位構成

			M B 社		
2000年			2006年		
マレー系	中国系	インド系	マレー系	中国系	インド系
10	12	9	19	19	14
39	42	11	102	45	30
72	4	22	86	2	13
} 750	} 7	} 162	182	3	19
			381	—	98
368	8	33	127	—	25
1,239	73	237	897	69	199

　他面，周辺諸国から流入する外国人は，短期雇用で労働条件が悪くとも，賃金水準は母国と比較してみればおそらく数倍の格差があるので，労働力過剰で就職難の国々から陸続と出稼ぎにやってくる。前掲表5-3のマクロデータでみた外国人労働者の急増は，日系企業のような外資系企業の労働力構成にも反映している。

　次に，マレーシア人3民族の企業内における構成を表5-9でみておくと，上位職ではマレー系の構成比が高まっているものの，なお中国系が間接員に集中していること，正規生産職では依然としてマレー系がその民族別比率をはるかに上回って配置されていることなど，これらの点は前回調査と変わらない。ただし，外国人労働者の増員に伴って，3民族ともに間接員比率が高まり，生産職の構成比の減少が近年の特徴となっている。2回の調査を比較すると，MA社ではマレー系オペレーターがおよそ4分の1に急減，MB社でも生産職の正規工・非正規工がともに大幅削減されている。なお，ブミプトラ政策では，厳密にいえば民族別比率に応じた雇用規制が，全社的な民族構成だけでなく，職位別にも適用されるはずであるが，その点について労働省からの点検は入っておらず，企業は全社的に民族別雇用比率をクリアしていることのみ同省に報告しているという。

　外国人労働者の増員は労働者の学歴構成にも反映する。表5-10の学歴別構成では派遣工の詳しいデータが得られないため，正規雇用のマレーシア人

表5-10 クアラルンプル首都圏の日系企業2社，労働者の学歴別構成（マレーシア人のみ）

最終学歴	MA社	MB社	合計	構成比(%)	備考 2000年調査，同2社合計の構成比(%)
小学校卒	5	—	5	0.2	0.1
中学校卒	272	661	933	36.3	26.3
高校卒	864	234	1,098	42.7	56.9
短大・専門学校卒	130	165	295	11.5	12.5
大学卒	134	105	239	9.3	4.3
合計	1,405	1,165	2,570	100.0	100.0

（出典）筆者調査（2006年2月）。

のみの集計であるが，マレーシア人に関しては全労働者に占める中卒・高卒比率が2000年の83.2％から2006年には79.0％に低下し，逆に大卒の高学歴層が構成比を高めている。これは中卒・高卒の生産職が外国人によって代替されていることによるものと思われる。外国人労働者の学歴は，各社スタッフの説明によれば，MA社のバングラデシュ人は高卒が中心，2年前から新たに採用したインド人とネパール人は「派遣会社に任せているので正確には分からないが，おそらく中卒・高卒クラス」とのことであった。職位と学歴の相関をみると，マレーシア人3民族の間の格差が解消したとは言えないが，それ以上にマレーシア人と外国人の就労格差が顕現しつつある。

3 賃金と人事考課

表5-11によれば，企業内賃金格差は明瞭である。2社を比較してMA社の生産職賃金の総額が多くなるのは，12時間労働（所定内8時間＋4時間の残業が常態）による残業手当分が大きいためである（MB社の残業は平均1.5時間）。マレーシア人および外国人の臨時工・派遣工は，2社とも残業時間の手当を加算した日給が定められており（残業は任意ではなく事実上の強制であるから前もって加算手当の算出が可能），これ以外の諸手当・福利厚生は原則として保証されない。前述のようにマレーシア人の臨時工は月単位の契約，外国人は当初契約が2年，更新しても最長5年である。企業との直接契約によるマレーシア人臨時工および外国人は，就労期間中の人事考課に

表5-11 クアラルンプル首都圏，日系企業2社の職位別平均賃金(月額)

(単位：リンギット)

	MA社		MB社	
	基本給	総額	基本給	総額
管理職	5,936	6,510	5,400	5,680
技術職	2,374	2,954	2,750	3,000
事務職	1,194	1,506	1,700	1,820
工場職長・部門長	1,605	2,445	2,100	2,240
ラインリーダー	1,272	2,184	1,250	1,320
オペレーター	676	1,266	690	730
臨時工・派遣工(日給)	(65)	—	(50)	—

(注) 調査時のレート，1リンギット＝30円。臨時工・派遣工のみ日給で表示。
(出典) 筆者調査(2006年2月)。

よって若干昇給するが，あくまで短勤続に変わりはない。派遣工の場合は一律の日給のみである。マレーシアでは明確な最低賃金の規定はないが，臨時工・派遣工の賃金が同国製造業の最低水準にあるものと思われる。

　上位職に関しては，MA社では能力・成果主義に基づく人事考課を実施しており(後述)，上位職ほど成果給が大きくなるので，同じ管理職でも給与格差は大きいとのことであるが，データは各職位の平均値のみ提供されており，同一職位内の具体的な賃金格差は資料の制約から不明である。MB社の場合も，数年前からボーナスを完全な成果給としており，間接員ではボーナスが月給の4カ月分，直接員(正規採用のみ)で2カ月分となる。間接員ほど能力評価に基づく給与部分が多くなるシステムである。また，既述のように，MB社の生産職はコントラクター(マレーシア人臨時工と外国人労働者)の採用のみであり，「同じ生産職でも一定の勤続年数を経て昇給したマレーシア人正規労働者と日給制のコントラクターの賃金格差が大きくなっている」(管理職スタッフ)とのことであるが，これも詳細なデータは得られなかった。

4　労働力の給源と流動性

　次に労働力の供給構造の検討に移るが，関連事項のデータ収集では臨時工・派遣工の調査が許可されなかったので，マレーシア人正規労働者のみを対象とし，主に前回調査との比較に留意する。

表 5-12 クアラルンプル首都圏の日系企業 2 社,労働者の出身世帯職業構成(サンプル調査)

	MA 社 生産職	MA 社 事務・技術・管理職	MB 社 生産職	MB 社 事務・技術・管理職	合計	構成比(%)	備考 2000年調査,日系3社合計の構成比(%)
農業経営	14	2	2	—	18	12.7	25.2
農業労働者	11	—	—	—	11	7.7	6.6
工場労働者	10	2	4	2	18	12.7	8.8
事務・技術・管理職	2	2	—	—	4	2.8	1.1
職人	—	—	—	—	—	—	1.1
商人	5	1	2	—	8	5.6	1.1
自営業	21	—	14	2	37	26.1	25.2
公務員(行政職)	12	2	6	4	24	16.9	2.2
軍人	1	1	2	—	4	2.8	2.2
教員	2	—	—	2	4	2.8	1.1
その他	7	3	4	—	14	9.9	25.3
合計	85	13	34	10	142	100.0	100.0

(出典) 筆者調査(2006 年 2 月)。

まず表 5-12 で労働者の出身世帯職業構成(サンプル調査)をみる(2000 年調査で MB 社の同項目データが得られなかったため,表の備考欄では MB 社以外の 2000 年調査 3 社の合計を示している。この点は後掲の表 5-13,表 5-14 も同様)。職位間の差異は,間接員のサンプルが少なく明確には読み取りにくいが,生産職で農業・自営業の構成比が高くなる。前回調査との比較では,自営業者比率の高さは同じだが,工場労働者や公務員の世帯出身者が増加しており,農村部の労働供給よりも都市での第 2 次・第 3 次産業での労働力再生産の傾向が看取される。

入職時の求人情報源(サンプル調査)を表 5-13 でみると,2 社合計で親族・知人がおよそ 5 割を占めており,前回に比して減少しているものの,なお求職に際して地縁・血縁のネットワークへの依存率が高く,労働市場の公的組織化が十分ではなく,職業選択の自由度に制約があると言えよう。

労働力の流動性については,表 5-14 で転職回数をサンプル調査で集計している。これも前回調査との大きな差異は観察されないが,前回調査では労働力不足の深刻さを反映して,高学歴の専門職労働者よりも生産職労働者の

表5-13 クアラルンプル首都圏の日系企業2社，入職時の求人情報源(サンプル調査)

	MA社		MB社		合計	構成比(%)	備考 2000年，日系3社合計の構成比(%)
	生産職	事務・技術・管理職	生産職	事務・技術・管理職			
親族情報	19	—	—	—	19	13.9	22.1
知人情報	30	2	14	4	50	36.5	52.6
新聞求人	16	8	14	4	42	30.7	18.9
職業斡旋所	2	2	—	2	6	4.4	3.2
学校求人	—	—	—	—	—	—	—
インターネット	2	1	2	—	5	3.6	—
その他(企業独自広告等)	15	—	—	—	15	10.9	3.1
合 計	84	13	30	10	137	100.0	100.0

(出典) 筆者調査(2006年2月)。

表5-14 クアラルンプル首都圏の日系企業2社，労働者の転職回数(サンプル調査)

	MA社		MB社		合計	構成比(%)	備考 2000年調査，日系3社合計の構成比(%)
	生産職	事務・技術・管理職	生産職	事務・技術・管理職			
転職なし	19	2	24	2	47	33.1	29.0
転職1回	20	6	8	3	37	26.1	29.1
2回	25	1	2	4	32	22.5	24.0
3回	13	3	—	1	17	12.0	12.0
4回	5	1	—	—	6	4.2	5.0
5回以上	3	—	—	—	3	2.1	1.0
合 計	85	13	34	10	142	100.0	100.0

(出典) 筆者調査(2006年2月)。

流動性の高さが特徴的であった。今回の調査では転職経験のない生産職労働者もその比率を高めており(とくにMB社)，これは前述のような正規生産職の採用抑制と派遣労働者・外国人労働者による代替によって，削減された正規労働者の中に定着層の比率が高まっているためであろうと考えられる。なお，調査企業の離職率について詳しいデータは得られなかったが，MA社のスタッフによれば，調査前年の正規労働者の離職率が，間接部門で月1%程度，直接部門で月4%程度とのことであり，やはり生産職層の離職率が相対的に高くなっている。

労働者の職歴に関しては，表5-15にサンプル調査で転職経験者の前職を

表5-15　クアラルンプル首都圏の日系企業2社，転職経験者の前職(サンプル調査)

	MA社 生産職	MA社 事務・技術・管理職	MB社 生産職	MB社 事務・技術・管理職	合計	構成比(%)
農業経営	−	−	1	−	1	1.1
農業労働者	3	1	−	−	4	4.2
工場労働者	40	5	5	1	51	53.7
事務・技術・管理職	5	4	1	4	14	14.7
職人	−	−	−	−	−	−
商人	3	−	−	−	3	3.2
自営業	7	−	−	−	7	7.4
公務員(行政職)	8	−	3	−	11	11.6
軍人	−	−	−	−	−	−
教員	−	1	−	−	1	1.1
その他(不明)	−	−	−	3	3	3.2
合計	66	11	10	8	95	100.0

(出典) 筆者調査(2006年2月)。

集計している。前職を工場労働あるいは事務・技術・管理職とする者の合計が7割近く，これに公務員を加えると約8割に達している。前掲表5-12の出身世帯の構成と併せみるならば，農業を含む自営業から工業・サービス業の被雇用労働者への職種シフト(世帯間の異業種移動)が確認でき，同時に一旦工業・サービス業に移動すると多くは被雇用労働者として転職を繰り返すものとみられる。

5　日本的経営・生産システムへの評価

　日本的経営・生産システムの「適応」問題に関連して，日系企業の優位性に関する労働者の意識調査を実施しているので，関連の聞き取り調査も含めて若干のコメントを付しておきたい。なお，この調査もマレーシア人の正規労働者のみを対象としている。

　表5-16の意識調査(サンプル調査)の集計によれば，職層の相違にかかわらず，日本企業への高い評価(これは日本企業への期待をも表している)事項は，①長期雇用，③諸手当給付，⑤や⑧の技能修得，⑦集団労働などであり，逆に評価が低い事項は②基本賃金や⑥年功評価などである。つまり，現地労

働者の日本企業をみる目は，長期雇用・技能形成・福利厚生などへの期待であり，逆に低位の賃金水準への不満は強く，年功的な職場秩序の導入にも否定的であると読み取れよう。

調査の際には管理職クラスのスタッフへのインタビューを実施したが，その中で日本的な経営・生産システムの現地適応についても率直な意見交換を行った。上記の意識調査で得られたような現地労働者の日本企業に対する評価は，日本人スタッフにもある程度は把握されているようであった。それは，調査2社の次のような人事考課の導入にも反映されている。

MA社では，半年に1回の査定の際に年齢・勤続年数を評価事項に含めず，下位職(生産職)に対しては担当の職務の遂行度と勤務態度を重視した考課を，上位職(生産現場の職長クラスや間接員)には能力・成果にウエイトを置いた評価を行っているという。MB社でも，年に1回の人事考課では年齢や勤続年数を考慮せず，専ら能力評価を行ってこれをボーナスに反映させ，総賃金に占めるボーナスの比重を高めて同一職位でも賃金格差をつけるとともに，昇進・昇格の速度にも能力・成果評価の比重を高めている。かかる人事政策は，一面で年功よりも能力評価を期待する現地労働者への適応とも言えようが，他面では企業内の賃金格差を是正する取り組みがほとんどみられず，全労働者の圧倒的多数を占める底辺の生産職労働者，とりわけ派遣工・臨時工の賃金水準が極端に低く抑えられることになる。また現地労働者が期待する安定的な雇用関係や充実した福利厚生も，経営現地化の担い手としての上位職の労働者(間接員や生産現場の職長クラス)に限定されるなど，全社的には不安定な雇用関係が拡大しているともみられる。低賃金で福利厚生を欠いた短勤続の労働者群の雇用拡大などは，その端的な例である。

生産現場においても，労働者の期待に反して長期的な技能形成が期待できる職層はむしろ縮小しているようにみえる。例えば，MA社の生産職労働者の技能訓練はOJTが中心であるが，その内容は「工程にもよるが単純労働なら1週間のOJTで十分，やや複雑な工程なら2～3カ月で修得できる」(管理職スタッフ)ものであり，「生産工員の職務範囲は狭く設定されており，多能工化を評価するようなシステムではない」(同社社長)とも言う。外国人

表 5-16 クアラルンプル首都圏の日系企業 2 社, 日系企業の

	MA 社	
	生産職	事務・技術・管理職
①長い期間働くことができる。	61	9
②基本賃金が高い。	6	—
③諸手当の給付が充実している。	43	4
④福利厚生が充実している。	14	1
⑤専門技術が早く身につく。	23	7
⑥勤続年数や年齢を重視して評価する。	8	2
⑦集団で仕事をする。	31	5
⑧いろいろな種類の仕事を担当できる。	28	3
⑨QC サークルが有益である。	18	3
⑩労使関係が安定している。	6	1
合　　計	238	35

(出典) 筆者調査(2006 年 2 月)。

労働者を中心に派遣工・臨時工の短勤続者を多用すれば,「長期的展望で技能の熟練を体得させることや多能工化は困難」(同)とのことであり, 前述のようにこれは職場のリーダーを育てる難しさに結びつく。このように, 日本的経営・生産システムへの現地労働者の期待とは裏腹に, 外資系企業が直接投資の主目的としての人件費節減や効率的生産を過度に追求すれば, むしろ不安定就業階層を増幅させ, 労働市場を跛行化する危険性を内包していると言わざるを得ない。

おわりに

本章では, 日系企業の労働市場を事例として, 現代マレーシアにおける労働市場の重層性について, マレーシア人 3 民族の格差ばかりでなく, 外国人労働者の大量流入に伴う国際化した労働者の階層性に着目した。マレーシアは, アジア域内における国際労働市場のセンターのひとつ(他には, シンガポール, 香港など)とも考えられる。今回の日系企業調査からも, 21 世紀に入ってますます, 企業の底辺に位置する臨時工・契約工・派遣工などの, 低賃金・短勤続・福利厚生欠如を特徴とする不安定就業階層の急増が顕著で

優位性に関する労働者意識調査(サンプル調査，複数回答)

| MB社 || 合　計 | 構成比(%) | 全回答者(142人)に占める選択率(%) |
生産職	事務・技術・管理職			
24	10	104	26.6	73.3
2	―	8	2.0	5.6
10	4	61	15.6	43.0
2	2	19	4.9	13.4
12	3	45	11.5	31.7
1	―	11	2.8	7.7
9	5	50	12.8	35.2
20	6	57	14.6	40.1
2	―	23	5.9	16.2
―	6	13	3.3	9.2
82	36	391	100.0	―

あった。しかもその過半はアジア域内の近隣諸国から流入する外国人労働者であり，底辺労働の外国人による代替が極端な労働格差を伴って進展している。

　現代アジアにおける労働市場の多層化・重層化は，企業内においても，地域社会においても，また国境を越えても，様々な固有の労働格差を伴って顕現している。その共通点は，一方で高学歴の専門職労働者の需要から彼らが参入する限定的な市場が形成され，他方では短勤続で技能形成の展望を欠いた当該国内外の不安定就業者群が分厚い底辺労働を形成するというところにある。かかる極端な労働格差は，当該社会総体としても労働技能の蓄積を脆弱で跛行的なものにする危険性を常に内包している。マレーシアをめぐる国内外の労働市場の重層化は，現代アジアの労働市場における労働格差の諸特徴を端的に示す事例のひとつと言えよう。

第 6 章
インドネシアの日系企業と労働市場
――ジャカルタ首都圏の都市雑業との比較分析――

はじめに

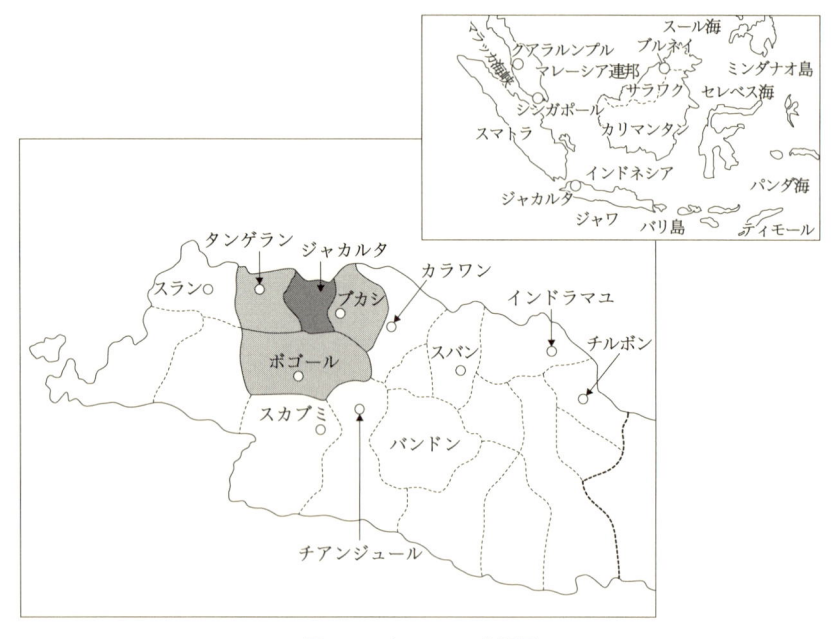

　本章では，インドネシアのジャカルタ首都圏(ジャボタベックという，ジャカルタ特別州，タンゲラン県・ボゴール県・ブカシ県の1州3県をさす。地名は図6-1を適宜参照)を事例とし，筆者の過去の調査と同一の企業・職種を対象として，この国の労働市場と労働格差の特質の時系列変化に着目してみる。調査対象は，直接投資の主役である日系企業と労働市場の底辺に位置する都市雑業であり，この両者を俎上にのせて同じ労働市場内の労働格差ばかりでなく，異なる市場間の労働格差も分析する。一方の日系企業はいわば最上位の労働市場であり，他方の雑業的労働市場は底辺市場であるから，この2つは両極端に位置することになり，格差構造の重要な側面を検出しうると考えられる。なお，この両者の中間には，現地資本の大企業や中小零細企業の労働市場など，さらに比較検討を要するその他の市場も存在する。今

図6-1　ジャカルタ首都圏

表 6-1 ジャカルタ首都圏の労働力人口(2000年)

	ジャカルタ特別州	タンゲラン県	ボゴール県	ブカシ県	合　計	構成比(％)
労働力人口						
就労者	3,715,685	1,802,511	2,069,309	1,426,804	9,014,309	59.6
求職者	286,891	52,572	95,263	50,245	484,971	3.2
小　計	4,002,576	1,855,083	2,164,572	1,477,049	9,499,280	62.8
就学者	754,335	114,344	190,140	106,116	1,164,935	7.7
その他	1,599,179	846,011	1,275,733	737,211	4,458,134	29.5
合　計	6,356,090	2,815,438	3,630,445	2,320,376	15,122,349	100.0

(注) 労働力人口はセンサス集計の前週の就労者・求職者。
　　 デポック市(1999年にボゴール県から独立)はボゴール県に含めて算出。
(出典) BPS［2000］より作成。

回の検討では対象外とするが，中小零細企業については筆者の過去の調査例もあるので参照されたい(宮本：2001)。

I　ジャカルタ首都圏の労働力構成

まず表6-1で統計データに表れる首都圏の労働力人口を確認しておこう。首都圏はジャカルタ特別州と3県(ボタベック)より成り，県レベルで労働力人口が把握できる公的統計データは5年ごとに集計される人口統計で，同表では本章執筆時に刊行済みの2000年人口統計を用いている(1990年代半ばに初等中学までを義務教育とした関係で「15歳以上＝労働可能人口」とする集計方法に変化しているので，時系列のデータは示していない)。公式統計によれば，2000年の首都圏労働力人口はおよそ950万人となるが，周知のように下層住民＝底辺労働力の相当部分が調査対象外となっており，この数値には実態との乖離があることにも留意しておく必要がある。とくに地方出身の都市雑業層や中小零細企業労働者の多くは還流型の出稼ぎ労働者であり，KTP(Kartu Tanda Penduduk，住民登録証)を出稼ぎ先(職場)で取得することがない。このようないわば「闇人口」は数百万人にのぼるとの推計もある(詳しくは前著，宮本：1999，2001を参照)。

統計データで得られる労働力の業種別構成を集計すると，表6-2のように

表 6-2 労働力の業種別構成(2000年) (%)

	ジャカルタ特別州	タンゲラン県	ボゴール県	ブカシ県
農漁林・畜産業	1.3	7.4	12.7	11.9
製造業	16.4	27.4	15.0	22.0
商業	21.2	14.0	15.6	15.7
サービス業	44.2	23.5	26.8	26.6
運輸業	3.0	2.6	3.5	3.1
その他	13.7	24.9	26.4	20.7
合計	100.0	100.0	100.0	100.0

(出典) BPS [2000] より作成。

なる。ジャカルタでは商業・サービス業の構成比が高く、対照的に工業化初期に工業団地が開設されたタンゲラン県や近年の開発最前線であるブカシ県では製造業比率が高まっている。これは、ジャボタベック内部におけるジャカルタと隣接のボタベック3県の首都圏機能分化の反映とみられる。首都圏の機能分化については前著でも詳しく指摘しているので要点のみに止めるが、金融・情報・経営管理のハブ機能が集中するジャカルタと、開発拠点の郊外化によってボタベック3県に工業団地(輸出加工区を含む)と新興の労働者住宅地が拡散する拡大大都市圏化(EMR)である。なお、表6-2でも出稼ぎの底辺労働力がカウントされていないとすれば、都市雑業を主力とする各種インフォーマルなサービス業が過小評価されているものと考えられる。

同じく統計データで得られる労働力の学歴別構成が表6-3である。全国的にも労働力の高学歴化の進展は明瞭だが、首都ジャカルタのようなメガ都市でその傾向が顕著である。高卒以上を高学歴者とすれば、ジャカルタでは高卒以上が1989年の44.1%から2003年には59.0%と過半に達し、大卒クラスになると3.7%から8.3%へ2倍以上に増加していることになる。一般に外資系企業や現地資本の大規模企業では、専門学校・短大卒以上の高学歴者が主に専門職のホワイトカラー層を構成しており、「新中間層」の主力とみなされるこの層が同表では14.5%を占めることになる。ただし、前表と同様に出稼ぎ型の労働力移動に留意するならば、都市の就労実態からみて低学歴労働力が過小評価されている可能性も高い。

以上、簡単な公式統計データによっても、首都圏の機能変化によって業種

表6-3　労働力人口の学歴別構成比の推移　(%)

最終学歴	ジャカルタ特別州			インドネシア全国		
	1989年	1995年	2003年	1989年	1995年	2003年
未就学	2.8	1.7	0.5	15.8	11.0	5.0
小学校未修了	9.1	6.3	2.9	27.4	23.0	12.5
小学校卒	26.6	25.8	16.7	35.2	36.7	37.1
中学校・普通科卒	15.6	16.8	19.6	7.7	10.2	19.0
職業科卒	1.6	2.1	1.3	1.3	1.4	1.5
高　校・普通科卒	24.1	23.6	27.3	5.6	8.4	14.1
職業科卒	12.4	12.7	17.2	5.1	6.4	6.1
専門学校・短大卒	3.9	7.1	6.2	1.0	1.6	1.9
大学卒	3.7	3.7	8.3	0.7	1.4	2.7
合　　計	100.0	100.0	100.0	100.0	100.0	100.0

(出典) BPS [1989][1995][2003]より作成。

別労働力構成が変化するとともに，労働力の学歴階層化が一層明瞭になっているものと推察される。公式データに十分反映していないとみられる雑業労働力については本章第3節で取り上げることとし，次に首都圏の上位労働市場の典型的事例として日系企業のそれを取り上げる。

II　首都圏日系企業の労働格差

1　直接投資と日系企業

　図6-2に外国直接投資の認可額の推移を示している。日本の直接投資が圧倒的な比重を占めた時代もあったが(1960年代～1980年代)，1980年代末以降の投資環境の変化以降は，日本の優位が大きく崩れている(例えば投資額[認可ベース]ランキングの本章執筆時最新データで2000～2004年累計額をみると，日本はオランダ・シンガポール・サウジアラビア・中国に次いで第5位)。その背後には，円高・ドル安に起因する東アジア国際環境の変化，日本・アジアNIEsのアジアシフト，中国・ベトナムの開放体制への転換，アジア域内貿易の緊密化など，いわゆる大競争時代の出現があることは言うまでもない。1997年の経済危機のインドネシアへの波及は，経済危機に止まらず，32年続いたスハルト軍事政権の崩壊という政治危機にまで発展し，

(10億ドル)

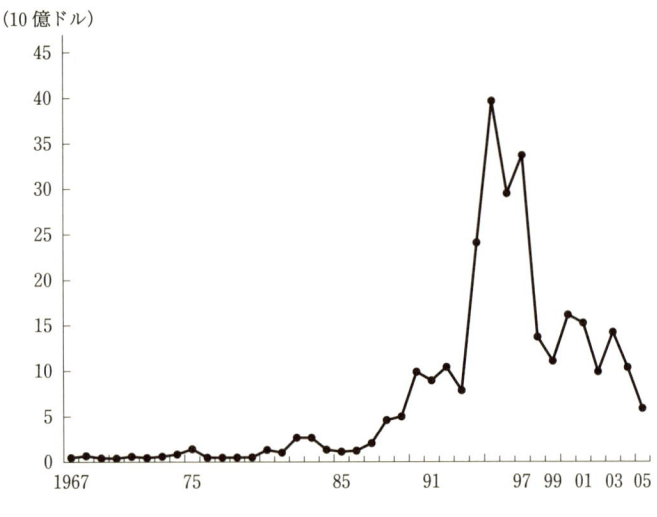

図 6-2　外国投資の認可額推移

(出典) BPDI [2005] より作成。

　その後の政情不安(中央政府の短命政権と地方紛争・分離独立運動など)は投資環境を一層悪化させた。2000年代に入って一部業種の回復基調がみられるものの、全体的には低迷から脱しきれていない。近年堅調な成長をみせているのは自動車・二輪車産業、とりわけバイク市場であるが[1]、1990年代の成長産業であった電子・家電なども依然回復のテンポが鈍く、1980年代以前の主要投資分野は大きく後退している。衰退産業の典型は繊維であり、中国製の廉価な量産製品によって日本製が市場から駆逐されつつある。現地での情報によれば、繊維業界などではニッチ市場を狙って高級品の研究開発も試みているが、いまだ軌道に乗っていないのが現状である。日系企業にとっては、欧米企業・アジアNIEs企業との熾烈な競争の中で、生き残りをかけた新たな企業戦略が課題となっている。

　表6-4は、2005年時点の日系企業の業種別・地域別分布である。原資料を収集したジェトロ・ジャカルタセンターによれば、地方進出企業や中小企業の一部に収集漏れがあり、カバー率は8割〜9割とのことであった。前著でも指摘したように、首都圏への日系企業の進出は、1980年代までは主に

表 6-4 日系企業現地法人の業種別・所在地別分布（2005年）

	ジャカルタ	西部ジャワ タンゲラン	西部ジャワ ボゴール	西部ジャワ ブカシ	西部ジャワ その他	中・東部ジャワ	スマトラ	カリマンタン	スラウェシ	その他	合計
農業	—	—	1	—	2	—	—	2	2	—	7
漁業	—	—	—	—	—	—	—	1	—	17	17
鉱業	2	—	—	—	—	—	—	—	—	—	3
建設業	47	—	—	1	—	1	—	—	—	—	49
運輸・船舶	24	—	—	2	1	—	—	—	—	—	27
製造業											
自動車・二輪車	16	9	2	48	33	6	—	—	—	1	115
化学	6	12	3	17	15	6	—	2	—	3	64
電機・電子	6	2	9	50	18	3	—	—	—	22	110
食品	—	—	—	4	4	1	—	—	—	1	11
機械	6	1	3	11	3	3	—	—	—	—	27
金属	9	10	4	33	13	12	1	—	1	3	86
製紙	—	—	1	4	2	3	—	—	—	—	10
製薬	—	—	—	1	2	3	—	—	—	—	6
プラスチック	1	4	—	26	3	7	—	—	1	—	42
繊維	2	10	3	11	19	8	—	—	—	—	53
木材	1	2	—	2	3	11	2	—	2	—	23
その他	11	2	4	21	13	9	1	—	1	2	64
金融・銀行	20	—	—	—	—	—	—	—	—	—	20
保険・リース	8	—	—	—	—	—	—	—	—	—	8
不動産・ホテル	7	—	—	2	5	—	—	—	—	—	14
貿易業務	30	1	—	1	—	—	—	—	—	—	32
その他サービス業	61	2	4	15	2	2	—	—	—	5	91
その他	6	—	—	4	1	—	—	—	—	1	12
合計	263	55	35	253	139	75	4	5	6	56	891

（注）第1次産業および製造業は主たる生産地または工場所在地、サービス業は事業所本店の所在地により分類。
（出典）ジェトロ・ジャカルタセンターの内部資料より作成。

工業化初期に創設されたジャカルタ市内の工業団地，あるいはタンゲラン県やボゴール県であった。1980年代末以降は，輸出志向工業化の本格化に伴う規制緩和で大挙して外資系企業が進出するようになり，既述のように先行した日系企業と欧米系企業・アジア NIEs 系企業との熾烈な進出競争が本格化，業種も初期の工業化を牽引した繊維・食品・製材から電機・電子関連の先端産業にシフト，工業団地は東部のブカシ県からさらにカラワン県に拡大した。同表の 2005 年データでは，日系企業の進出先はジャボタベックが 68.0%，しかも電機・電子と自動車・二輪車を中心にブカシ県に集中しており，同表からもジャカルタは金融・情報・経営管理の高度サービス業のハブ機能を備えるに至り，前述の首都ジャカルタとボタベックの機能分化の進展が窺える。

2 首都圏日系企業の事例分析

今回(2005年9月，2006年9月)の調査は，1995年調査と同一企業での調査を企図し，結果的にはジャカルタ特別州内，タンゲラン県，ボゴール県の工業団地に入居している3社から訪問許可が得られた。以下，提示するデータでは，可能な限り 1995 年調査との比較も示している。なお，今回は開発最前線のブカシ県を取り上げていないが，同県工業団地の日系企業調査は 2000 年に実施しており，前著で分析しているので併せて参照されたい(宮本：2002)。

なお，調査対象の3社は，NA社(1973年設立)がジャカルタの工業団地に入居している自動車部品メーカー，NB社(1971年設立)がボゴール県の繊維メーカー，NC社(1975年設立)がジャカルタとタンゲランに工場を持つ工作機械メーカー(1995年調査時はジャカルタ工場のみであったが，その後タンゲランに本社機能を移転)であり，いずれも工業化の初期から首都圏に進出している。

(1) 労働力需要と格差構造

表 6-5 が各社の職位構成である。以下，各社の労働者構成，雇用方針，昇進＝昇給ルールの概略からみていく(以下の表 6-5～表 6-12 に集計したデー

表6-5 ジャカルタ首都圏，日系企業3社の職位構成

	NA社			NB社			NC社		
	男性	女性	合計	男性	女性	合計	男性	女性	合計
管理職	50	7	57	14	1	15	22	1	23
技術職	10	1	11	51	2	53	20	0	20
事務職	61	14	75	13	10	23	78	8	86
職長・班長	127	—	127	31	—	31	87	2	89
正規生産職	463	1	464	602	96	698	162	5	167
臨時工・派遣工	120	8	128	8	45	53	384	9	393
合　計	831	31	862	719	154	873	753	25	778

(出典) 筆者調査(2005年9月)。

タは原則として2005年9月の調査データであり，加えて2006年9月の補足調査で得た情報も本文の分析に反映させている)。

　NA社の雇用者数は，経済危機直前のピーク時で1192人，これが経済危機後の1998年には868人，1999年には568人にまで削減し，その後の生産回復に伴って労働者の需要増を派遣工の採用で調整する方針をとった(日本人駐在員は11人)。2000年には派遣工を270人に増員，これは全社員の32％となり，生産現場＝直接部門のみでは一時60％にまで上昇している。その後，現場での技能蓄積や指導員養成の必要から派遣工の比率を下げる採用方針へ軌道修正，派遣工が主に配属される直接部門では30％程度を目安にしているという。同社の正規生産職は3カ月の試用期間を経て正式採用されるが，派遣工は1年契約で最大2年までしか延長更新は認められない(調査時の労働法規定で，2年以上の雇用は正規雇用とすることを雇用主に義務づけている)。生産職のライン従事者の訓練は専らOJTであり，「基本的な作業内容は2週間程度で修得可能」(日本人スタッフ)であるから，特別の技能訓練を要しない単純作業の繰り返しである。正規労働者に適用される人事考課の内容の詳しい聞き取りは許可されなかったが，2005年4月の人事考課では，管理職部門の間接部門で54人中7人が昇進(13.0％)，それ以外の非管理職では718人中77人が昇進(10.7％，いずれも正規採用のみ)している。

　NB社。繊維産業はかつて外資系の花形産業であったが，1990年代から

中国製品との厳しい価格競争（生産コストは中国が3割安）の中で，高級品のニッチ市場を開拓する戦略で生き残りを図ったが思うにまかせず，経済危機後は生産量が半減，労働者も3回のリストラで半減，現在（調査時）正規生産職は原則として採用せず，退職による自然減が続き，需要の季節変動には1年単位の契約工で調整している。同社（日本人6人）の正規生産職は，S1〜S10の10段階のグレードに，さらに各グレード内を3等級に区分した職階を人事考課に基づいて昇進する。例えば，高卒はS4から入職，グレード内の昇進は上司の勤務評価によるが，次のグレードへの昇格には筆記試験（一般常識，技術知識，労働協約の3科目）と面接試験が課される。日本人スタッフの説明によれば，あらかじめ勤務成績優秀者が選定されて受験するので合格率は高くなる（平均合格率85％）。グレード内では平均して2〜3年で1ランク昇進しており，その際の評価の基本は，「マニュアルどおりの作業を正確にこなせるか」（日本人スタッフ）であり，これに勤務成績（欠勤率・早退率，作業態度など）が加味される。生産職の昇進の上限は現場職長クラス（部下30〜60人）である。事務・技術職も生産職に準じた職階だが能力評価が重視され，管理職には目標管理制度を導入，M1〜M6の職階を目標達成度の評価で昇進するという。

　NC社では，かつて繊維機械が主力商品であったが，繊維業界の不振から，調査時には自動車・2輪バイクの部品生産機械に大きくシフトしている（バイク関連の生産比率は，生産額で2001年の5.3％から2004年には40.9％，2005年が55.4％）。同社（日本人7人）では，2005年9月の調査時に非正規職の労働者数が正規職のそれを上回っている。同社の派遣工は原則として2年以内の契約で採用，その職務は正規生産職と基本的に同じであるが，経済危機以降，原則として正規生産職を採用せず，派遣工で需要調整している。派遣工の正規採用も全く閉ざされているわけではないが，2005年の実績では派遣工の勤務評価優秀者30人を対象に本採用試験を実施，うち3名のみの本採用に止まっている。このように本採用枠は極めて限定されており，圧倒的多数の派遣工は2年以内の短勤続である。同社の人事考課では，間接部門の技術職・事務職と直接部門の生産職が共通の職能資格制度を適用される。

表6-6 ジャカルタ首都圏，日系企業3社の学歴別労働者構成

最終学歴	NA社	構成比(%)	NB社	構成比(%)	NC社	構成比(%)
小学校卒	1	0.1	134	15.3	21	5.2
中学校(普通科)卒	12	1.6	222	25.4	41	10.2
中学校(職業科)卒	—	—	10	1.1	2	0.5
高校(普通科)卒	185	24.8	231	26.4	83	20.7
高校(職業科)卒	473	63.4	237	27.1	199	49.6
短大・高等専門学校卒	33	4.4	12	1.4	33	8.2
大学卒	42	5.6	28	3.2	22	5.5
合　計	746	100.0	874	100.0	401	100.0

(注) NA社とNC社は臨時工，派遣工を除く集計。各社の人員数が表6-5の数値と一致しないが，企業から提供されたデータのままとする。
(出典) 筆者調査(2005年9月)。

8段階のグレード，各グレードを5ランクに区分するので，計40ランクの職階となる。管理職のみ目標管理制度と年俸制が導入され，毎年の査定で目標水準と達成率によってA〜Eの5段階評価で翌年の年俸が決まる。日本人スタッフの説明でも年俸制の導入年度は明確ではなかったが，10年前の筆者の調査時には導入されておらず，比較的最近のことと推察される。

次に表6-6で労働者の構成を学歴別にみておく(NA社とNC社は正規職労働者のみの集計)。学歴と入職口の相関は10年前の調査とほとんど変化なく，各社に共通していた。すなわち高卒クラスが工場の生産職労働者の主力で，これが全労働者の6割から7割を占め，事務・技術・管理職のホワイトカラー層が短大・高等専門学校以上の学歴で，これは企業間でやや差異があるがおよそ労働者の5〜13％程度。同表には示されていないが，非正規の契約工＝派遣工も高卒が原則であり，正規職とは異なる入職口での選別で採用され，通常は正規生産職と同一の職務をこなす場合が多く(一部清掃などの雑役の職務もある)，短勤続を基本的特徴とする。派遣工には昇進＝昇給のルールや福利厚生も適用されず，基本給のみか，あるいは時給ベースで労働時間分の賃金のみである。高校卒の学歴といえば現地社会では相当の高学歴者であるが，正規職への就職競争は厳しく，派遣労働などの臨時雇用か，あるいは下位の労働市場(中小零細企業や都市雑業)に一旦参入して待機するも

表6-7 ジャカルタ首都圏，日系

	NA社 基本給	NA社 諸手当・残業	NA社 合計	基本給
管理職	5,111,607	2,660,661	7,772,268	3,360,000
技術職	2,081,689	1,893,087	3,974,776	1,050,000
事務職	2,067,146	1,489,648	3,556,794	1,330,000
職長・班長	1,808,896	2,806,111	4,615,007	1,210,000
正規生産職	1,023,017	1,982,836	3,005,853	1,020,000
臨時工・派遣工	712,000	941,875	1,653,875	660,000

(注) 調査時のレート，1円＝90ルピア。
(出典) 筆者調査(2005年9月)。

のと考えられる(後述の都市雑業参照)。

既述の職位構成と入職前の学歴との相関から調査企業に特徴的な点は，①間接部門，直接部門の正規職，直接部門の非正規職という3層の分節的な内部労働市場，②その各市場の入職口が異なり，入職要件が学歴水準にまず規定されること，③入職後は，正規職のみが各職域での技能修得度を測る人事考課によって職域独自の昇進システムに応じて職階を昇る，つまり限定的能力主義・成果主義，さしあたりこの3点を指摘しておきたい。

このように階層化した内部労働市場では，職位別の賃金格差も明瞭である。表6-7に職位別平均給与(月額)を示している。正規職では管理職クラスとその他の職層の格差が，生産職では正規職と非正規職の格差が大きいと言えよう。NA社・NC社では賃金に占める残業費の比率がかなり高く，これが賃金格差を一層大きくしている。NA社では，平日の所定内8時間労働に加えて残業は平均3時間，土・日・祝日を含めて月80〜100時間の残業が常態である。NC社では，調査対象者1人当たり平均残業は月82時間。平日は平均4時間残業，土曜(残業扱い)は出勤が原則，日曜・祝日も需要変動に応じて出勤する。日本人スタッフの「下位職の労働者は残業手当で生活費をカバーするため，意図的に作業速度を落として残業費を稼ごうとする。工場現場の監督指導では，残業管理で苦心している」との説明が印象的であった。NB社は，製品の季節的・時期的な需要変動が激しく，残業時間は一定しないが，平均すれば正規生産職で給与のおよそ30％が残業費で占められると

企業3社の職位別平均賃金(月額)　　　　　　　　　　　　(単位：ルピア)

NB社		NC社		
諸手当・残業	合　計	基本給	諸手当・残業	合　計
―	3,360,000	6,100,000	―	6,100,000
370,000	1,420,000	1,782,000	667,670	2,449,670
200,000	1,530,000	1,470,000	226,190	1,696,190
280,000	1,490,000	1,637,000	611,480	2,248,480
360,000	1,380,000	1,334,000	468,860	1,802,860
240,000	900,000	800,000	234,430	1,034,430

いう。時間当たりの残業費は基本給によって規定されるので，例えば基本給が低い派遣工・契約工は，正規生産職と同一の残業時間でも残業費はおよそ半額にしかならない(NC社)。

　本書でいう労働格差とは，賃金格差ばかりでなく，福利厚生の内実や長期雇用・技能形成の展望なども視野に入れた就労と生活の安定度の格差のことである。この点に関して，例えばNA社では，正規職に対して医療費が全額支給，家族も80％まで保証，THR(Tunjangan Hari Raya，イスラム断食明け大祭の特別手当)は賃金の1カ月分が支給される。NC社でも正規職に医療費全額支給(家族70％保証)，退職金は基本給の35カ月分，THR 1.2カ月，ボーナス0.8カ月が支給される。こうした賃金以外の処遇はもちろん正規労働者に対してのみであり，派遣工・契約工には保証されない。彼らは短勤続ゆえに熟練工への展望もなく，昇進＝昇給の対象外，契約期間に保証されるのは基本給＋残業費のみで，就労と生活の不安定が明瞭である。

　以上，調査企業による労働力需要の側面から格差構造をみてきた。要すれば，入職時の学歴による分節性，その分節化された各職場のうち，正規雇用の生産職＝直接部門，事務・技術・管理職＝間接部門には，各職層に独自の職能資格制度が設定され，職階ごとに相応の技能訓練が要求される。上位職ほど能力給にウエイトを置きつつ，人事考課によって昇進＝昇給する限定的能力主義管理である。正規労働者には職位相応の賃金と各種の福利厚生，とりわけ上位の職層に分厚い福利厚生によって定着を図っている。一方，経済

表6-8 ジャカルタ首都圏の日系企業3社，労働者の出身世帯職業構成（サンプル調査）

	NA社		NB社		NC社		合計	構成比(%)	備考 1995年調査，同3社合計の構成比(%)
	生産職	事務・技術・管理職	生産職	事務・技術・管理職	生産職	事務・技術・管理職			
農業経営	8	1	6	—	6	1	22	14.7	22.5
農業労働者	2	1	2	1	3	—	9	6.0	3.5
工場労働者	—	—	1	—	—	1	2	1.3	6.3
事務・技術・管理職	3	1	3	—	3	1	11	7.3	4.2
職　人	—	—	—	—	—	—	—	—	0.7
商　人	3	—	1	—	5	—	9	6.0	10.6
自営業	5	1	4	1	4	2	17	11.3	7.7
公務員（行政職）	14	4	9	6	13	3	49	32.7	21.1
軍　人	2	1	8	2	1	2	16	10.7	10.6
教　員	2	1	2	—	3	—	8	5.3	3.5
その他	1	—	3	1	2	—	7	4.7	9.2
合　計	40	10	39	11	40	10	150	100.0	100.0

（出典）筆者調査（2005年9月）。

危機後に急増している非正規雇用の派遣＝契約労働者は，短勤続で技能形成と昇進＝昇給の展望を欠き，労働力需要のバッファーとして不安定な就労を強いられている。一言にすれば，学歴・技能による労働者の分節的管理，非正規職の不安定就業の拡大，就労条件と賃金格差に基づく労働格差が読み取れよう。

(2) 労働力供給と格差構造

次に，上述のような労働格差を生む労働力供給サイドの構造的特徴についてみていく。

表6-8は，労働者の出身世帯職業構成（サンプル調査）であり，出身世帯は親の職業によって分類している。農業関連世帯（農業経営＋農業労働者世帯）が生産職労働者の出身世帯を中心におよそ2割，これに対して広義の公務員職（行政職＋軍人＋教員）が5割弱，これに民間企業のホワイトカラー層出身者を加えると56％を占めている。つまり，もはや農業から工業へという異業種間の労働力移動が主たる供給源ではなく，おそらく都市部の労働者世帯，それも職種からして一定の高学歴世帯から輩出される労働力が給源の中核を

表6-9 ジャカルタ首都圏の日系企業3社，労働者の転職回数(サンプル調査)

	NA社 生産職	NA社 事務・技術・管理職	NB社 生産職	NB社 事務・技術・管理職	NC社 生産職	NC社 事務・技術・管理職	合計	構成比(%)	備考 1995年調査，同3社合計の構成比(%)
転職なし	20	6	21	6	19	3	75	50.0	45.8
転職1回	11	2	8	2	11	3	37	24.7	28.9
2回	6	1	6	1	9	2	25	16.7	15.5
3回	3	—	4	1	1	2	11	7.3	8.5
4回	—	1	—	—	—	—	1	0.7	1.4
5回以上	—	—	—	1	—	—	1	0.7	—
合計	40	10	39	11	40	10	150	100.0	100.0

(出典) 筆者調査(2005年9月)。

成している。この傾向は前回の1995年調査(表の備考)と比較しても一層強まっていると言えよう。換言すれば，高学歴世帯の再生産が恒常化しているとみることもできよう。ただし，同じ高学歴者でも高卒クラスと大学／専門学校卒クラスでは，前節でみたように，上位労働市場に参入すれば入職口が異なり，就労の職域が異なる点に注目しておきたい。

労働者の出身地について，調査企業から提供された全従業員データによれば，NB社では地元出身者の優先雇用というボゴール県の行政指導もあってボゴール出身がおよそ7割を占め(首都圏出身者が73%)，NA社は首都圏内出身が46%，地方出身54%，NC社が首都圏内55%，地方45%で，地方出身者はジャワの西部・中部に集中していた。前回調査との比較では，NB社は以前から地元出身者の比率が過半を占めていたが，NA社・NC社では10%前後であったジャカルタ出身者が半数近くにまで増加して，全体として首都圏内からの労働力供給率が急速に高まっている。ジャカルタ住民の突出した高学歴化を背景に，高学歴の労働者世帯を給源とする日系企業の労働者構成という特徴が一層顕著になっていると思われる。

次に，労働力の流動性の一端を知るために表6-9で労働者の転職回数を，表6-10で転職経験者の前職を集計している(ともにサンプル調査)。今回の調査では半数が転職経験者，25.4%が複数の転職を繰り返しており，職位にかかわらず流動的との結果が得られた。これを1995年調査と比較すればや

表 6-10 ジャカルタ首都圏の日系企業3社，転職経験者の前職(サンプル調査)

	NA社 生産職	NA社 事務・技術・管理職	NB社 生産職	NB社 事務・技術・管理職	NC社 生産職	NC社 事務・技術・管理職	合計	構成比(%)	備考 1995年調査，同3社合計の構成比(%)
農業経営	2	—	1	—	1	—	4	5.3	5.2
農業労働者	1	—	—	—	—	—	1	1.3	3.9
工場労働者	13	1	9	3	11	2	39	52.0	55.8
事務・技術・管理職	3	3	3	2	6	5	22	29.3	6.5
職 人	—	—	—	—	1	—	1	1.3	1.3
商 人	—	—	1	—	1	—	2	2.7	3.9
自営業	—	—	2	—	—	—	2	2.7	9.1
公務員(行政職)	—	—	—	—	1	—	1	1.3	7.8
軍 人	—	—	—	—	—	—	—	—	—
教 員	1	—	1	—	—	—	2	2.7	3.9
その他	—	—	1	—	—	—	1	1.3	2.6
合 計	20	4	18	5	21	7	75	100.0	100.0

(出典) 筆者調査(2005年9月)。

や定着率が高まっているようにもみえるが，極端な変化は認められなかった。また表6-10の前職調査では，農業関連が生産職の一部でみられるものの，工場労働と事務・技術・管理職労働の合計が8割を超えており，前回調査と比較してもこの職種を前職とする者の比率が顕著に上昇している。事務・技術・管理職の構成比の上昇は，前述のジャカルタの都市機能の進展を反映するものと言えよう。また公務員職の減少は，高学歴者の民間企業志向を裏付けるものとなっている。同じ高学歴者でもキャリアパターンに一定の変化が生起しているものと推察されるが，職種間移動や移動による賃金上昇と労働格差の関連についてはサンプルが少なく追跡できていない。

また表6-11の入職時の求人情報源の集計(サンプル調査)によれば，地縁・血縁に依存した職情報の収集が6割を超えており，前回との比較でも大きな変化がみられない。とくに生産職労働者でこの傾向が顕著であり，間接部門の正規職層では新聞求人やインターネット求人の利用も高まっているようであるが，調査企業をみる限り，この10年で労働市場の組織性・開放性が進展しているとは言い難く，日系企業のような上位の労働市場でも職業選

表 6-11　ジャカルタ首都圏の日系企業 3 社，入職時の求人情報源(サンプル調査)

	NA 社 生産職	NA 社 事務・技術・管理職	NB 社 生産職	NB 社 事務・技術・管理職	NC 社 生産職	NC 社 事務・技術・管理職	合計	構成比(%)	備考 1995年調査，同3社合計の構成比(%)
親族情報	13	—	19	7	11	1	51	34.0	34.5
知人情報	11	4	13	3	14	2	47	31.3	31.7
新聞求人	12	4	1	—	8	5	30	20.0	25.4
職業斡旋所	4	1	4	—	1	1	11	7.3	4.9
学校求人	—	1	1	1	4	1	8	5.3	—
その他(企業独自広告等)	—	—	1	—	2	—	3	2.0	3.5
合計	40	10	39	11	40	10	150	100.0	100.0

(出典)　筆者調査(2005年9月)。

択の機会がなお限定的である。たとえ高学歴を身につけても，労働格差を解消する主体的な職業選択が，労働市場の開放度の未成熟ゆえに限定されているとも言えよう。

(3)　日本的経営・生産システムと労働格差

　日本的経営・生産システムの「アジア的適応」の問題は，アジア日系企業研究の重要な一環であるとともに，より広義には外資主導型工業化のアジアにおける都市労働市場の性格分析の一環でもある。以下，本書の課題である労働格差の問題に関連づけて，調査データを検討してみる。

　表6-12は，この問題に関する労働者意識調査である。アンケート調査では，表の10項目について日本企業の優位性として評価できるものを調査対象者に問うている(複数回答可)。3社に共通して，日系企業に対する労働者の評価は明瞭である。つまり，長期雇用(①)に関しては，職層にかかわりなく過半の労働者が肯定的に評価しており，諸手当・福利厚生(③④)も4割ほどの支持がある。対照的に賃金(基本給，②)や人事考課のうちの年功的な処遇(⑥)は極めて評価が低い。とくに年功的処遇に関しては高学歴の間接部門ほど評価が低い。また日本的な生産システムに関連する職場の集団主義(⑦)やQCサークル(⑨)，多能工的な現場配置(⑧)は，いずれも10%台から20%台の評価に止まっている。

　一方，経営側を代表する日本人スタッフからは，日本的な労務管理の導入，

表6-12 ジャカルタ首都圏の日系企業3社,日系企業の優位性に関する

	NA社		NB社	
	生産職	事務・技術・管理職	生産職	事務・技術・管理職
①長い期間働くことができる。	24	8	25	4
②基本賃金が高い。	1	1	—	—
③諸手当の給付が充実している。	16	3	17	7
④福利厚生が充実している。	15	6	18	7
⑤専門技術が早く身につく。	7	4	5	2
⑥勤続年数や年齢を重視して評価する。	2	—	10	1
⑦集団で仕事をする。	10	3	4	2
⑧いろいろな種類の仕事を担当できる。	6	1	5	2
⑨QCサークルが有益である。	7	5	7	3
⑩労使関係が安定している。	13	3	8	2
合　計	101	34	99	30

(出典) 筆者調査(2005年9月)。

技術移転などについてインタビュー調査を実施した。典型的な発言を以下に紹介しておく。

　NA社。「労務管理の当面の課題は,従業員との信頼関係の構築,それに経営の現地化である」,「単純な作業手順はすぐに修得できても,技術の体系を教え込むことは容易ではない」,「個人主義的な志向が強いので能力主義的な労務管理は受け入れられやすいが,技能修得に関しても個人主義的であるため,現地人上位者の部下指導を訓練することが難しい」。

　NB社。「日本流の人事管理を押しつけることはしない。生産職・事務職の仕事内容は必ずマニュアル化し,文書で指示する。勤続年数が長くなると,複数の作業を受け持たせるが,その際もマニュアルで指示,日本的な多能工化は期待できない」。

　NC社。「仕事に対する考え方は欧米的なので,日本的な生産方法・人事管理を定着させることは容易ではない」,「生産職,事務・技術職は,欠勤率・早退率などの勤務成績を重視している。上位のポスト(現場では班長・職長など,間接部門の管理職)ほど技能修得度を重視した人事考課が有効である」,「QCサークル,提案制,改善運動などを試行しているが,従業員はマニュアルによる職務内容の提示を常に望むようだ。QCサークルや改善提

労働者意識調査(サンプル調査，複数回答)

NC社		合計	構成比(%)	全回答者(150人)に占める選択率(%)
生産職	事務・技術・管理職			
20	6	87	22.5	58.0
4	—	6	1.6	4.0
14	3	60	15.5	40.0
9	1	56	14.5	37.3
19	3	40	10.3	26.7
3	1	17	4.4	11.3
11	2	32	8.3	21.3
6	3	23	5.9	15.3
9	3	34	8.8	22.7
5	1	32	8.3	21.3
100	23	387	100.0	—

案の意義を理解させるのが難しい」。

　以上の調査結果を総合すると，現地労働者は長期雇用や福利厚生の保証，能力評価に基づく昇進＝昇給への期待が大きい。逆に言えば，年功的昇進＝賃金システムや集団主義的職場管理への評価は著しく低く，企業はこの点での「適応」が必要となる。人材の現地化や技術体系の修得訓練も，個人主義的労働観に配慮してマニュアル等で職域を明確化するなどの「適応」が肝要となる。しかし，前節でみたような，分節的内部労働市場，限定的能力主義，短勤続・非正規雇用の多用などの職場の現実は，日本的企業システムのメリットを積極的に活かすというよりも，むしろ現地人の就労と生活の安定度という点で極端な労働格差を生んでおり，長期的な労働者の技能蓄積という観点からも技術体系の移転・定着に効果的とは言い難い。需要変動への対応を優先させた不安定雇用の拡大は，労働者の流動性を高め，企業経営の長期的な安定を困難にする。

Ⅲ　首都圏都市雑業の不安定就業

　都市労働市場において，上記の外資系企業が最上位に位置するとすれば，

その対極にあるのが都市雑業の労働市場であろう。不安定就業階層が参入する都市の雑業的労働市場に関して，その研究意義，概念上の問題点，先行研究の動向などについては，前著で詳しく検討しているので重複は避けたい。また開発経済学で言うインフォーマル・セクター論との分析視角の相違についても前著で言及しているが，要するに，現代の多層化した都市労働市場の分析にあっては，フォーマル・インフォーマルという二分法＝二重構造論的把握では不十分であり，雑業的労働市場を不安定就業階層の主力部隊が参入する底辺労働市場として位置づけることによって，労働の格差構造も多層的に把握できると考えられる。なお，首都ジャカルタのインフォーマル・セクターに関する過去の数量的推計では，1971年のILO調査が全就業者に占めるインフォーマル・セクター就業者比率を41％としており，1990年代末でもおよそ30％程度，商業のみでは50％以上との推計もある（宮本：1999，山本：1999）。1997年経済危機以降はその比率の増大も指摘されており，都市雑業の構成的比重が依然として大きいものと推察される。

　ジャカルタ首都圏の都市雑業に関する今回のインタビュー調査は，本調査を2006年6月～9月に，一部項目の追加調査を2007年2月に，いずれもジャカルタおよびボゴール県の繁華街と住宅地で実施した。調査サンプル数は140（男性100人，女性40人），職種は露天商・行商人（カキリマ），自動3輪タクシー運転手（バジャイ），バイクタクシー運転手（オジェック），人力車夫（ベチャ），家事使用人（プンバントゥ）であり，いずれも都市雑業の典型的な職種である。ここで言う典型的とは，小規模自営業，零細資本，不熟練・不規則の単純労働，労働法の対象外などを就労の共通点とする職種である。この5職種に関しては筆者が1991～1995年に継続的に実施した，同じくジャカルタ首都圏の雑業調査と共通の職種であり，今回は経済危機を挟んでほぼ10年後の再調査となるため，以下の分析では前回の調査結果との比較にも留意したい。

1 基本属性

　まず，調査対象の年齢・出身地などの基本属性をみておく。表6-13であ

表6-13 都市雑業層の職種別基本属性の集計

	露天商・行商人(カキリマ)	自動3輪タクシー運転手(バジャイ)	人力車夫(ベチャ)	バイクタクシー運転手(オジェック)	家事使用人(ブンバントゥ)	合計	構成比(%)	備考 91〜95年調査構成比(%)
年齢								
15-19歳	5	—	1	2	11	19	13.6	10.0
20-24歳	15	1	—	3	9	28	20.0	17.5
25-29歳	10	2	1	3	3	19	13.6	21.3
30-34歳	7	1	2	1	3	14	10.0	16.3
35-39歳	9	4	1	3	1	18	12.9	10.0
40-44歳	5	2	2	3	1	13	9.3	13.4
45-49歳	5	2	4	1	2	14	10.0	5.0
50-54歳	4	—	3	—	1	8	5.7	3.8
55-歳	5	—	2	—	—	7	5.0	2.5
出身地								
ジャカルタ	2	4	—	—	—	6	4.4	7.5
西部ジャワ	29	2	12	13	16	72	52.6	46.3
中部ジャワ	19	5	3	2	8	37	27.0	35.0
東部ジャワ	6	1	1	1	2	11	8.0	5.0
スマトラ	6	—	—	—	3	9	6.6	5.0
カリマンタン	—	—	—	—	—	—	—	1.3
スラウェシ	—	—	—	—	—	—	—	—
その他	1	—	—	—	1	2	1.5	—
前職								
農業経営	1	—	4	—	—	5	4.3	2.5
農業労働者	—	—	1	—	—	1	0.9	40.0
日雇労働者	—	—	—	—	—	—	—	6.3
工場労働者	8	3	3	4	5	23	19.7	5.0
商人・自営業	25	3	3	4	1	36	30.8	6.3
その他	19	4	2	3	15	43	36.8	37.5
なし	2	1		1	5	9	7.7	2.5
学歴								
未就学・小学校中退	3	—	4	—	2	9	7.0	18.8
小学校卒	25	6	8	1	15	55	42.6	47.5
中学卒	16	5	2	8	14	45	34.9	31.3
高校卒	10	1	—	7	—	18	14.0	2.5
短大・大学卒	2	—	—	—	—	2	1.6	—

(注) 有効回答数は，年齢140，出身地137，前職117，学歴129。91〜95年調査の有効回答数は全項目80。
(出典) 筆者調査(2006年6〜9月)。

る。年齢は若年者に多く分布するものの，40歳以上の中・高齢者も3割を占めており，この点では前回調査と大きな変化はみられない。出身地がジャワの中・西部に集中する傾向も前回調査と同様であり，ジャカルタ出身者の比率は前回より一層低い。これを首都圏内と圏外に分類すれば，首都圏出身者が34％（有効回答137，出身地別にジャカルタ6人，ボタベック41人），圏外の地方出身者が66％となる。首都圏労働市場には全国から労働力が流入しており，この点では一定の市場の開放性がみられるものの，地方出身者は，人口稠密で「農村の都市化」（都市的生活様式の普及）が進展したジャワ，とりわけ首都圏への交通網の整備が進んだ中・西部からの流入が顕著である。この点も前回と同様であり，現在も依然として向都移動の労働者が都市雑業の主たる担い手であることに変わりはないと言えよう。

　向都移動が都市定着型なのか，それとも還流型の出稼ぎ移動が主流なのか，この点は出身地と所持しているKTPの発行地の異同によっても推察しうる。関連データを集計して首都圏外の地方出身者90人（有効回答）の内訳をみると，KTPを首都圏の流出先の居住＝就労地で取得している者は22人，つまり24％のみが居住地登録を変更していることになり，今回の調査では76％の地方出身者が出身地のKTPのまま首都圏で就労していることが確認できた。KTPを首都圏で取得している者は，おそらく長期の首都圏滞在者か，定住している地方出身者，あるいは高学歴志向で高等教育機関での就学のためにKTPを移しているものと考えられる。後者については上記22人中，高校以上の学歴者は3名のみであり，今回の調査データに拠る限り，進学のための首都圏でのKTP取得は顕著な傾向にはなっていない。また，地方出身で高校卒の高学歴者が18人いるが，そのうち14人がKTPを首都圏の就労先（居住地）で取得していない。つまり，地方で高学歴を身につけても，首都圏で学歴に見合った上位労働市場に参入できず，都市雑業に従事しながら待機している地方出身者が少なからず存在するものと推察される。

　表6-13の基本属性の第3項目，前職データによれば，前回調査との顕著な差異は，農業関連従事者の比率低下，工場労働や商業・自営業経験者の増加であろう。工場労働から雑業への転職は，アジア経済危機による上位労働

市場から雑業市場への下降流入とも考えられるが，この点について経済危機を直接的要因とする雑業への移動をインタビューで確認できたのは数例のみであった。

基本属性の第4項目，学歴データでは，小学校卒以下の低学歴者が依然半数を占めるものの，高卒以上の高学歴者の顕著な増加にも注目しておきたい。都市雑業が低学歴層を主体とする就労であることに変わりはないが，高卒以上の高学歴層も15.6%を占めている(前回調査では2.5%)。高学歴者の就職難はすでに前回調査の1990年代前半から看取されたが，経済危機後は一層深刻になっているものと推察される。彼らは，高学歴でも相応の仕事に就けず，やむを得ず下位の労働市場に入って待機しているのである。同じ学歴データを職種別にみれば，首都圏の裏通りで人力車(ベチャ)に代わって普及しているバイクタクシー(オジェック)は，雑業としての歴史も比較的浅い職種であるが，高学歴層の比率が高く，逆に都心の周辺地域でのみ営業が認められる人力車夫(年齢的にも中・高年層が多い)や，女性雑業の典型である家事使用人(プンバントゥ，メイドの意)は低学歴層が多数を占める。

2　職種別収入分布と就労年数・労働時間

表6-14は職種別の収入構成である(月額。商売道具のレンタル料などを除いた純収入の意，以下同様)。全職種の平均月収は139万ルピア(調査時のレート換算で約1万5400円)となるが，職種間に格差があり，バイクタクシー運転手・露天行商人・自動3輪タクシー運転手が相対的に高く，人力車夫・家事使用人に低収入が偏在している。後2者が低収入であるのは，人力車が都心から排除され郊外裏通りでのみ営業可能な旧タイプの雑業であること，家事使用人は主に若年女性の職種で通常は主人宅での住み込み労働であるため，住居・食事が提供されていることなどが，その要因として考えられる。

雑業収入に関して注目しておきたいのは，就労年数や労働時間との相関である。つまり，就労年数の差異が収入に反映しているのか，という点である。そこで，表6-15に職種別の収入と就労年数の分布を集計してみた。収入に

表6-14 都市雑業者の職種別収入構成(月額,ルピア)

	露天商・行商人	自動3輪タクシー運転手	人力車夫	バイクタクシー運転手	家事使用人	合 計
100,000～ 200,000	1	―	―	―	―	1
200,000～ 300,000	―	―	1	―	16	17
300,000～ 400,000	4	―	5	―	11	20
400,000～ 500,000	1	―	1	―	1	3
500,000～ 600,000	6	1	1	―	―	8
600,000～ 700,000	―	1	3	1	1	6
700,000～ 800,000	3	1	2	1	―	7
800,000～ 900,000	3	―	―	―	1	4
900,000～1,000,000	4	―	3	1	―	8
1,000,000～2,000,000	15	8	―	8	―	31
2,000,000～3,000,000	4	1	―	1	―	6
3,000,000～4,000,000	9	―	―	―	―	9
4,000,000～5,000,000	2	―	―	1	―	3
5,000,000～	8	―	―	3	―	11
合 計	60	12	16	16	30	134
平均月額(ルピア)	2,282,000	1,382,000	556,000	2,431,000	302,000	1,391,000

(出典) 筆者調査(2006年6～9月)。

ついては3階層に区分しており,それは以下のような判断基準による。①下位層(70万ルピア未満),調査時の首都圏最低賃金がほぼ70万ルピア前後(ジャカルタの最低賃金2005年9月改訂額が71万2000ルピア,周辺3県でもジャカルタ近郊工業団地の外資系企業では「ジャカルタ基準」を適用する企業が多い)であるから,最低賃金以下の低所得層。②中位層(70万ルピア～200万ルピア),前述の日系企業調査などから工場労働者の上位生産職の平均的収入(諸手当込み)がおよそ150万～200万ルピアと推定されるので,概して製造業のブルーカラー層(非正規職も含む)の収入に比定しうる階層。③上位層(200万ルピア以上),製造業の正規職ホワイトカラー層の所得水準。同表から,どの職種をとっても就労年数を積むことで収入が上昇するという関係はみられない。調査対象として選択した典型的な都市雑業は,いずれも独自の技能訓練を要する仕事ではなく,いわば不熟練・単純労働であるから,参入前の学歴や技能はもちろんのこと,長期の就労によって技能が向上・体系化して顕著な収入増が見込めるというものではない。せいぜい一定の就労

表 6-15　都市雑業，収入と就労年数の職種別集計

	月収(ルピア)		
	70万ルピア未満	70万～200万ルピア	200万ルピア以上
露天商・行商人			
1年未満	2	3	5
1年～3年	3	5	1
3年～5年	3	1	3
5年～10年	−	6	2
10年以上	4	9	9
自動3輪タクシー運転手			
1年未満	−	−	−
1年～3年	−	1	−
3年～5年	−	5	−
5年～10年	2	1	1
10年以上	−	1	−
人力車夫			
1年未満	1	1	−
1年～3年	1	1	−
3年～5年	1	−	−
5年～10年	1	1	−
10年以上	5	2	−
バイクタクシー運転手			
1年未満	−	−	−
1年～3年	−	5	−
3年～5年	−	2	1
5年～10年	−	2	2
10年以上	1	−	2
家事使用人			
1年未満	3	−	−
1年～3年	8	−	−
3年～5年	8	−	−
5年～10年	8	1	−
10年以上	−	−	−
合　計	51	47	26
構成比(%)	41.1	37.9	21.0

(注)　就労年数の有効回答数は124。
(出典)　筆者調査(2006年6～9月)。

期間のうちに，経験を通して一定の効率的な仕事の手順を覚える程度であろう[2]。

それでは，1日当たりの労働時間と収入の相関はどうか。全職種の平均労働時間は 12.4 時間，職種別では露天商・行商人 10.4 時間，自動3輪タクシー運転手 12.6 時間，人力車夫 12.4 時間，バイクタクシー運転手 11.8 時間，家事使用人 14.8 時間となる。先に示した職種別平均収入と比較しても，多収入の職種が長時間労働というわけではない。また同一職種内での労働時間と収入の多寡についても検討してみたが，これも明らかな相関はみられなかった。例えば露天商・行商人では（労働時間に関する有効回答 55），月収 200 万ルピア未満層の平均労働時間の分布が 15 時間以上 5 人，15 時間〜10 時間 15 人，10 時間〜5 時間 10 人，5 時間未満 2 人，200 万ルピア以上層では，15 時間以上 1 人，15 時間〜10 時間 10 人，10 時間〜5 時間 10 人，5 時間未満 1 人となり，分布状況は他の職種でもほぼ同様の結果であった。単純労働にもかかわらず，必ずしも長時間労働が多収入を保証しておらず，おそらくこれは販売品やその季節性，営業できる場所や時間帯，商売用具がレンタルか否かなど，他の要因が強く作用しているためと推察される。

なお前掲表 6-15 で収入を 3 階層に区分したことによって，雑業層間の収入格差を製造業労働者の収入水準と比較することも可能となっている。上述のように下位層は最低賃金以下の低所得層，中位層はそれ以上のブルーカラーの生産職レベル，上位層はホワイトカラーの事務系・技術系に匹敵する収入水準ということになる。同表から，収入額だけをみれば，およそ 5〜6 割の雑業労働者の収入が上位労働市場に参入している労働者と同等，もしくはそれ以上の収入レベルになるが，注目すべきは労働の質的内容であり，労働格差という視点からむしろこれを強調したい。つまり，労働者としての技能形成を伴わない不熟練・単純労働であること，また雑業ゆえに様々な就労保証（労働者に対する社会保障や企業の福利厚生に相当するものなど）は一切なく，不安定な就労＝生活を余儀なくされていることである。

表6-16　都市雑業者の出身世帯職業構成

	露天商・行商人	自動3輪タクシー運転手	人力車夫	バイクタクシー運転手	家事使用人	合計	構成比(%)
農業経営	30	4	7	3	6	50	35.7
農業労働者	4	2	1	—	11	18	12.9
工場労働者	2	—	1	4	—	7	5.0
事務職	2	—	—	—	—	2	1.4
商人・自営業	15	6	4	4	3	32	22.9
公務員(行政職)	—	—	—	1	—	1	0.7
教　員	1	—	—	1	—	2	1.4
無　職	2	—	—	1	4	7	5.0
その他	9	—	3	2	7	21	15.0
合　計	65	12	16	16	31	140	100.0

(出典)　筆者調査(2006年6～9月)。

3　出身世帯構成

　今回の調査では，前述の学歴・前職に加えて，新たに出身世帯の職業についても聞き取りを行い，雑業労働者のキャリアパターンを追跡する一環とした。表6-16がその職種別集計であり，既述の日系企業労働者と同様に親の職業によって出身世帯を判断している(主たる収入源による分類)。農業世帯(農業経営＋農業労働者)が48.6％，これに商業・自営業が22.9％で続く。労働者世帯(工場労働，事務職)の出身は依然少数で，高学歴を要する公務員・教員の世帯出身もごくわずかである。日系企業労働者(高卒以上の高学歴が入職の要件)とは主たる供給源の相違が明瞭であろう。これに前述の学歴・前職・出身地を併せみれば，都市雑業の主たる給源と参入ルートは，地方・農村部の農業・サービス業世帯から向都移動，低学歴層は都市雑業へ，一部の高学歴者は第2次産業や専門職サービス業にも参入するが，経済危機をはじめ何らかの事情で雑業市場に移動，可能ならば雑業市場内部で転職を繰り返すか，より上位の市場への移動を狙って待機するということになろう。

　なお，農家出身者については，出身農家の土地所有規模も今回の調査項目に含めたので，これを表6-17に集計した。現地農業に関しては，集約農業のジャワと粗放農業の外島を同じ基準で比較できないので，同表ではサンプル数の多いジャワのみに限定している。厳密にみれば同じジャワ農業でも地

表 6-17 都市雑業者，出身農家の土地所有規模別構成(ジャワ)

土地所有規模(ha)	労働者数	構成比(%)
0.00〜0.25	28	59.6
0.25〜0.50	3	6.4
0.50〜0.75	7	14.9
0.75〜1.00	—	—
1.00〜2.00	4	8.5
2.00〜	5	10.6
合　計	47	100.0

(出典) 筆者調査(2006年6〜9月)。

方ごとに経営集約度や土地肥沃度なども異なるが，大雑把に言って 0.25 ha 以下層は農業と農外の多就業によって生計を維持しうる下層世帯，0.25 ha 〜1 ha 層が農業を主たる収入源とする，おそらく自作農中心の中位層，1 ha 以上層が上層世帯(富農・地主層)とみなしうる(この点，詳しくは宮本：2001)。表 6-17 によれば，下層農家出身者が 6 割を占めており，これが農業世帯出身者の主力となる。ただし注意すべきは，今回の出身世帯調査が主たる収入源によって分類していることであり，農業が主たる収入源になりえない農村居住世帯(農村雑業層，つまり土地なし農民か，あるいは零細耕地ゆえに農外就労が主たる収入源の農村階層)が下層(農業経営)農家のさらに下位に分厚く堆積しているのがジャワ農村の特徴でもある。したがって，地方＝農村出身者の多数が農村雑業層を含めた農村居住の下層世帯から流出しているものと推察される[3]。

4　入職と就労慣行

都市雑業への参入の特徴は，地縁・血縁の縁故関係に強く依存していることである。上位の労働市場と異なり広告求人や公的斡旋機関によって求職情報を得ることなどありえない。今回の調査対象者も，入職方法としておよそ 5 割が血縁者による斡旋，4 割が知人を介してと答えている。換言すれば，得られる職情報の制約ゆえに参入できる職種が規定されることになる。したがって，都市雑業といえども職種の選択は限定的とならざるを得ない。新参の雑業就労者は，通常同郷の地縁・血縁を頼って職を得，就労に必要な手順

表6-18 都市雑業者,商売道具の入手方法

	露天商・行商人(カキリマ)	自動3輪タクシー運転手(バジャイ)	人力車夫(ベチャ)	バイクタクシー運転手(オジェック)	合計	構成比(%)
自己資金による所有	43	2	1	10	56	51.9
親方からのレンタル	10	8	15	6	39	36.1
その他	11	2	—	—	13	12.0
合　計	64	12	16	16	108	100.0

(出典)筆者調査(2006年6〜9月)。

も教示され,住居も斡旋してもらうケースが少なくない。

　表6-18に調査4職種の参入時における主たる商売道具の調達方法を分類している。露天商・行商は少額の資金でも始められるので,カキリマの自己所有も少なくないが,バジャイ・オジェック・ベチャなどは自己調達できず,地元の有力者である親方(元締め)からのレンタルで職に就く者も少なくない。今回の調査では,とくにバジャイとベチャのレンタル比率が高い。カキリマ・バジャイなどのレンタルによる雑業参入では,新参者は親族や知人から親方を紹介され,その親方の「縄張り」で営業を始めるのである。商売道具を自己調達する場合も,土地の有力者の承認を得て仕事を始めるのが通例であるから,就労の範囲が自由に選択できるわけではない。

　土地の有力者＝親方は,通常,複数の就労者を抱えており,口頭で契約,商売道具のレンタル料から仕事の手順まで指示し,自己の「縄張り」の範囲で就労させている。バイクやミニバスを所有する親方には華人商人が多いと言われているが,その他にプリブミ(現地マレー系のインドネシア人の意)では元軍人や地元役人なども知られている。調査対象の雑業層から,彼らの親方について得られた事例を紹介してみると,以下のごとくである。①雑貨露天商の親方(華人,55歳),20台の屋台を所有,②タバコ露天商の親方(プリブミ),6台の屋台を所有,本人は雑貨店を経営,③バジャイ運転手の親方(華人,50歳),バジャイ50台を所有,ベンケル(簡易ガソリンスタンド)も経営,④バジャイ運転手の親方(プリブミ,55歳),バジャイ15台所有,ベンケル経営,⑤オジェック運転手の親方(プリブミ,47歳),オジェック8台所有,元商人,⑥オジェック運転手の親方(プリブミ,45歳),オジェッ

ク14台所有，レンタカー会社経営，⑦ベチャ車夫の親方(華人，50歳)，ベチャ7台所有。

　レンタル料は，1日当たりで支払うのが一般的だが，月単位・週単位の契約もあり多様である。1日当たりでは，バジャイ3万〜5万ルピア，オジェック1万〜1万5000ルピア，ベチャ3000〜4000ルピア，カキリマ6000〜2万ルピアが調査時の相場であった。タクシーやバイクについては，燃料代を親方・使用人のどちらが負担するか等でレンタル料も異なってくる。いずれにしても雑業層は，労働市場への参入時に地縁・血縁の縁故関係に制約されるだけでなく，参入後も地域社会の人的ネットワークの下での就労を強いられることになる。

　以上のように，縁故関係に強く依存した入職の特異性ゆえに，たとえ雑業でも職の選択は限定されており，市場の閉鎖性が特徴的である。それでも転職経験者の比率は相当に高く，およそ半数が複数回の転職を経験している。今回の調査結果で特徴的な点は，既述のように工場労働の経験者なども増加していることであり，また地方・農村出身者は地元での就労経験後に首都圏の都市雑業に参入するケースもあり，これが転職経験者の比率を高める要因ともなっている。また同じ都市雑業市場の内部で転職するとすれば，やはり縁故関係者への依存度が高くなる。長期の都市生活によって人的ネットワークを新たに広げれば，雑業市場内部の職種間での転職の可能性も高まるが，親族や同郷者と集団居住して同職に就くのが一般的であるから，そうした就労環境からして雑業市場内部での移動も頻繁には起こりにくい。また雑業は前述のように不熟練・単純労働，長時間労働であるから，就労中の技能形成や夜間学校・職業訓練校等での学歴・技能向上によってより上位の労働市場へ移動することは極めて困難である。雑業以外の職種に移動するとすれば，何らかの縁故を頼って町工場などの小規模零細企業に入職するケースであるが，不安定就業(雇用保証の欠如，不規則・不熟練・低賃金労働)という点では雑業と比較しても労働の質的レベルで差異がない。低学歴と低技能は労働市場の上向移動を制約しており，雑業労働の経験を蓄積しても上位市場(例えば既述の日系企業)への参入要件は満たせない。上位市場への移動が起こ

りうるとすれば，それは雑業市場で待機する高学歴者が何らかのチャンスを得た場合などに限定されるであろう。

お わ り に

　本書でいう労働格差とは，既述のように単に労働者の賃金＝収入格差に止まらず，労働者生活の社会制度的保証(国・自治体・企業による社会保障や各種福利厚生)の対象であるか否か，労働者としての技能修得および熟練度に応じたキャリア上昇の可能性の存否，あるいは老後生活保証の存否など，労働者の就労と生活の安定度を指標とした格差のことであった。

　今回調査した首都圏の日系企業と都市雑業の事例によれば，首都圏労働市場における労働格差は，階層化した労働市場において，上位労働市場の内部においても，また下位との市場間においても多層化して形成されていた。日系企業では，分節的内部労働市場に規定された企業内労働格差が顕著であり，それは各職層の労働条件と賃金格差によって明瞭であった。また都市の分厚い底辺労働市場である都市雑業の労働実態をみれば，そこには不安定就業(不熟練・単純労働，技能向上の欠如，各種労働・生活保障の欠如)が構造化され，上位市場(とりわけ正規労働者の市場)との労働格差が顕著であった。

　今回は外資系企業の主力とされる日系企業と都市雑業の典型的職種を調査対象としたが，その他にもこの国の都市労働市場に関しては，現地資本の大企業や中小零細企業の分析が不可欠である。筆者が十数年前に実施した現地資本の中小零細企業の労働市場調査では，多数が地方出身の低学歴・低技能の就労者であり，地縁・血縁の縁故に依存して就労していた。町工場などの小規模零細企業ほど，かかる特徴が一層顕著であった。家族経営が一般的で，昇進＝昇給のルールも明確ではなく，不規則労働と低賃金を共通の特徴としており，経営者(およびその家族)以外はこの国の不安定就業の一構成部分とみられた。上位労働市場の正規職労働者と比較すれば，就労の不安定性が明瞭であった。都市雑業と異なる点は，せいぜい一定期間の就労保証や住居保証(職場内で集団的に宿泊)に止まっていた。こうした現地資本の労働市場を

含めて，この国の労働市場の重層化と序列化された労働者の今日的格差構造の全体像を解明することが，なお残された課題である(華人企業の労働市場に関する試論として，宮本：2009 参照)。

(注)
 1) オートバイの年間販売台数は 2002 年には経済危機前のピーク時(1997 年)の 185 万台を超えて 232 万台，2004 年には 390 万台と驚異的とも言える伸びをみせている。バイク市場の活況要因は，ローン金利の低下，中国製との競争で日本製も価格が低下したこと，経済危機後ルピア価はおよそ 5 分の 1 に低下したが，この数年の最低賃金の大幅上昇で給与水準が相殺されてきたこと，などである。日本製のバイクは中国製の輸入車との競争でも，アフターケアの面と中古市場での高い評価から，いまのところ競争力を維持している(JETRO-Jakarta Center [2005]参照)。
 2) バイクタクシー運転手(オジェック)に高学歴者がやや多いので，オジェックについては収入と学歴のクロスデータをとってみた。本文で指摘した収入ゾーン別に，中卒以下で②7 人，③2 人，高卒で①1 人，②3 人，③3 人と学歴による明確な収入格差はみられなかった。オジェックの場合も他の職種と同様に，参入できる職種が人的ネットワーク，縁故関係に強く規定されている。
 3) 出身農家の土地所有別階層と本人の学歴水準についても集計してみたが，0.25 ha 以下の最下層出身者 28 人では小学校卒以下 18 人，中卒 8 人，高卒 2 人，1 ha 以上の上層世帯出身者では小学校卒以下 5 人，中卒 4 人，高卒 2 人，大卒 1 人となっている。上層世帯ほど学歴水準が相対的に高くなり，高学歴者は向都移動後も上位労働市場への参入可能性が高くなるが，農家出身高学歴者のサンプル数が少なく，彼らの職歴をすべて調査したわけでもないので，ここでは断定的な結論は避けてデータを示すに止めたい。

(付記) 本章で使用したデータの収集と集計にあたっては，エルシ・スナルシ・スナンダールさん(インドネシア中央政府・開発会計検査庁開発部門シニアリサーチャー)，および村上明子さん(北海道大学大学院経済学研究科博士後期課程)の協力を得た。記して謝意を表したい。

終　章
アジア日系企業と労働格差

はじめに

　筆者は，前2著のアジア労働市場の分析において，国内的にも国際的にも重層化したアジアの労働市場が，アジア側の歴史的・制度的要因に規定されつつどのように展開しているのか，また開発工業化を担う外資系企業，とりわけその主役である日系企業のアジア展開に伴ってどのように再編成されているのか，その諸相に着目してきた。そこで検出した注目すべき特徴のひとつは，労働市場の階層化・多元化の進展とともに顕現する労働者の一層の序列化であり，労働格差の拡大であった。当該社会の労働格差が，当該社会の規定要因と外国直接投資の相互作用によって，どのような特徴をもって展開しているのか，新興のアジア労働市場の分析にとって，かかる分析視座は不可欠であろうと考えるに至った。

　また直接投資を牽引する日系企業は，その進出先でこうした現地側の社会的・制度的要因に制約されながら独自の経営戦略・労務管理を実施することになる。日本国内においても近年雇用問題(とくに非正規雇用にかかわる諸問題)が深刻化しているが，アジアでは現地企業ばかりでなく，外資系企業でも開発工業化の初期から様々な形態の非正規労働者(臨時雇用，季節雇用，短期契約雇用，請負労働など)を大量雇用して，労働力需要の変動に対応してきた。1997年のアジア経済危機以降は，その傾向が一層顕著である。こうした不安定な就労形態も労働格差の要因となっており，アジアではかかる労働者の非正規化が前述の社会的・制度的要因と複雑に絡み合いながら拡大しているところに特徴がある。

　以上のような問題関心から，本書では前著で検討できなかった国・地域，および時系列分析の可能な国を選定し，対象企業を日系企業に絞って，日系企業の労働市場とそこに内在する労働格差の諸相の分析を主要な検討課題とした。前2著と併せて，現代アジアで多層化する労働市場と労働格差の内実をさらに体系化する試みである。

　本書の「労働格差」という用語は，序文でも指摘したように，単に労働者の賃金＝所得格差を意味するだけではなく，アジア各国・各地域の多様な社

表7-1 調査企業の職位構成　　　　　　　　　　　　　　(%)

	中　国		タイ バンコク 首都圏3社	マレーシア クアラルン プル首都圏 2社	インドネシア ジャカルタ 首都圏3社	インド デリー 首都圏3社
	広東省2社	上海市2社				
取締役	0.2	0.6	1.1	n.a.	n.a.	0.6
管理職	1.9	2.1	2.8	1.5	3.8	7.7
事務・技術職	12.8	12.0	8.4	12.1	10.7	19.0
職長・班長	4.4	4.1	5.6	11.4	9.8	6.9
正規生産職	77.8	58.0	49.5	23.5	52.9	52.5
非正規生産職	3.1	23.2	32.4	51.4	22.8	13.3
合　計	100.0	100.0	100.0	100.0	100.0	100.0

(出典) 筆者調査(2004年2月〜2006年9月)。

会的・制度的要因によって生起する労働の質的格差をも含む広義の雇用格差を示す概念であり，それは労働のあり方によって規定された労働者生活の質的格差に繋がっている。

I　労働市場の国際比較

　本節では，2004〜2007年に実施したアジア日系企業の労働市場に関するデータを国際比較の視点から再整理して提示し，国ごとの異同に留意しながらその特徴を検出してみる(上海市については，本書第2章で検討したSA社の他に市内松江区の日系企業SB社のデータも加えている。宮本：2005a参照)。

　労働力の需要サイドに関して，表7-1に調査企業の職位構成を示した。分節的内部労働市場はほぼ共通であり，経済危機以降の際だった特徴は非正規生産職の急増である。この点を考慮すれば，企業内の労働市場は，間接部門の管理・技術・事務職，直接部門が長期雇用を展望しうる正規生産職と短勤続の非正規生産職という3層構造で捉えるべきであり，各々が入職口を異にし，入職後の処遇も異にする。上位2層は，何らかの人事考課を通して昇進＝昇給が可能であり，技能形成も展望しうるが，下層の非正規職は，経済危機以降はとくに労働需要の変動に対応する安全弁として多用されるとともに

表7-2 調査企業,労働者の学歴構成 (%)

	中国 広東省2社	中国 上海市2社	タイ バンコク首都圏3社	マレーシア クアラルンプル首都圏2社	インドネシア ジャカルタ首都圏3社	インド デリー首都圏3社
小学校卒	1.3	—	4.8	0.2	7.7	0.4
中学校卒	70.2	57.0	40.0	36.3	14.2	1.1
高校卒	28.5	31.6	39.2	42.7	69.7	69.4
短大・専門学校卒	n.a.	3.2	7.4	11.5	3.9	10.0
大学卒	n.a.	8.2	8.6	9.3	4.6	19.1
合 計	100.0	100.0	100.0	100.0	100.0	100.0

(注) 中国・広東省の調査企業は生産職のみの集計,インドの高卒にはITI(職業訓練校)卒も含む。
(出典) 筆者調査(2004年2月～2006年9月)。

に,当該国の最低賃金に相応する(あるいはそれ以下の)賃金水準であり,短勤続ゆえに原則として昇進＝昇給を保証されず,労働者としての技能形成の展望も持ちえない不安定就業である。この階層には外国人労働者も含まれ,一部は国際労働市場にも連結する。非正規の雇用形態は,派遣工・契約工・臨時工など多様化しているが,短期雇用の不安定就業階層である点は共通である。

次に,表7-2で労働者の学歴構成をみる。学歴と内部労働市場の相関では,前著とほぼ同様の結論が得られる。つまり,間接員の入職要件が大卒・専門学校卒,直接員の生産職が正規・非正規を問わず,中卒・高卒クラスを主体とする。後者に関しては,地方農村部からの労働力供給が主流である中国広東省やタイでは,中卒比率が高くなっているのも特徴的である。こうした学歴構成と既述の序列化した職域が相関していることになる。

この点を賃金水準の側面からみたのが,表7-3の職位別平均賃金である。前述の企業内労働市場の3層構造との関連でいえば,賃金に関しては間接員内部,直接員内部の格差が明瞭である。間接員では,各国とも管理職の高給が顕著であり,これは高学歴・高技能の人材が不足するなかで,厚遇による長期雇用を期待してのことであろう。この点では,直接員の労働力不足が深刻なマレーシアがやや例外的であり,間接員内部の賃金格差がそれほど顕著ではない。一方,直接員では,生産職の低賃金が明瞭である。被雇用者数で

表7-3 調査企業,労働者の職位別平均賃金(月額,調査時のレートで円換算)

	中国 広東省2社	中国 上海市1社	タイ バンコク首都圏3社	マレーシア クアラルンプル首都圏2社	インドネシア ジャカルタ首都圏3社	インド デリー首都圏3社
管理職	63,000	98,000	117,000	182,900	63,800	103,115
事務・技術職	28,000	42,000	42,700	69,600	26,500	30,800
職長・班長	21,700	26,600	39,800	61,400	30,000	33,100
正規生産職	10,500	16,800	25,800	29,900	21,700	19,600
非正規生産職	8,400	8,400	15,300	n.a.	12,500	6,600

(注)賃金は諸手当を含む総額の平均値。上海市はSB社のみ。
(出典)筆者調査(2004年2月〜2006年9月)。

表7-4 調査企業,労働者の出身世帯職業構成(サンプル調査) (%)

	中国 広東省2社	中国 上海市2社	タイ バンコク首都圏3社	マレーシア クアラルンプル首都圏2社	インドネシア ジャカルタ首都圏3社	インド デリー首都圏3社
農業経営	75.4	24.1	52.8	12.7	14.7	13.7
農業労働者	−	−	3.1	7.7	6.0	2.9
工場労働者	15.2	58.9	8.2	12.7	1.3	8.9
事務職	−	−	3.1	2.8	7.3	11.8
職人	−	−	0.6	−	−	1.0
商人	3.4	2.7	6.3	5.6	6.0	2.9
自営業	2.5	0.9	8.8	26.1	11.3	11.8
公務員(行政職)	0.8	5.4	5.7	16.9	32.7	31.4
軍人	−	0.9	1.3	2.8	10.7	8.9
教員	1.7	3.6	1.9	2.8	5.3	5.9
その他	0.8	3.6	8.2	9.9	4.7	1.0
合計	100.0	100.0	100.0	100.0	100.0	100.0

(出典)筆者調査(2004年2月〜2006年9月)。

は圧倒的多数を占める生産職の低賃金が,生産コスト削減の最大の要因であることは言うまでもない。しかも,既述のように,非正規生産職の多用は,原則として昇進＝昇給を雇用要件とせず,労働需要の調整機能とともに,企業の一層のコスト削減を可能にする。

一方,労働力の供給サイドに関しては,表7-4に労働者の出身世帯職業構成を掲げている。中国・広東省やタイ・バンコク首都圏では内陸農村部からの労働供給への依存度が高いが,中国・上海市やマレーシア,インドネシア,インドの首都圏では域内からの供給が主流となっている。ただし,同じよう

表7-5 調査企業,労働者の転職状況(サンプル調査) (%)

	中国		タイ バンコク 首都圏3社	マレーシア クアラルンプル首都圏 2社	インドネシア ジャカルタ 首都圏3社	インド デリー 首都圏3社
	広東省2社	上海市2社				
転職なし	55.9	18.8	15.8	33.1	50.0	32.6
転職1回	15.6	20.5	38.0	26.1	24.7	29.6
2回	19.5	34.8	22.2	22.5	16.7	25.5
3回	6.8	17.0	14.6	12.0	7.3	9.2
4回	1.7	6.3	5.7	4.2	0.7	1.0
5回以上	0.8	2.7	3.8	2.1	0.7	2.0
合計	100.0	100.0	100.0	100.0	100.0	100.0

(出典) 筆者調査(2004年2月～2006年9月)。

に域内供給が主流でも,上海市では中国国内の企業改革に伴って元国有企業労働者を含む工場労働者世帯の出身が6割近くに達する。マレーシアは依然として自営業出身が多数,インドネシアとインドでは公務員世帯出身者が3割強で最も構成比が高い。このように,労働力の供給構造では,各国・地域の開発史にみられる社会的・制度的要因が強く反映していると言ってよい。

労働者の流動性の一端を示すのが,表7-5でみた転職状況の集計である。中国・上海市,タイ,マレーシア,インドでは労働者の過半が転職を経験しており,高学歴層の流動性の高さを物語る。中国・広東省には内陸農村の若年女性が流入するという特殊要因があり,労働力過剰国のインドネシアでは経済危機後の極端な就職難ゆえに,相対的には就労条件の良好な日系企業での定着率が高くなっているものと考えられる。

II 日本的経営・生産システムの「適応」問題

日系企業の労務・人事管理に関して,労働者による評価の結果をまとめたものが表7-6である。

労働者の圧倒的多数が短期雇用で省外から流入する中国・広東省の事例を除けば,日系企業への期待として長期雇用と諸手当・福利厚生が挙げられよう。逆に日系企業に対する評価が低い項目は,基本賃金の低さと年功的な処

表7-6 日系企業の優位性に関する労働者の意識調査
(全回答者[複数回答可]に占める選択率) (%)

	中国 広東省2社	タイ バンコク 首都圏3社	マレーシア クアラルン プル首都圏 2社	インドネシア ジャカルタ 首都圏3社
①長い期間働くことができる。	12.7	52.2	73.3	58.0
②基本賃金が高い。	8.4	16.1	5.6	4.0
③諸手当の給付が充実している。	20.3	16.1	43.0	40.0
④福利厚生が充実している。	22.9	62.7	13.4	37.3
⑤専門技術が早く身につく。	12.7	18.6	31.7	26.7
⑥勤続年数や年齢を重視して評価する。	26.3	13.7	7.7	11.3
⑦集団で仕事をする。	32.2	25.5	35.2	21.3
⑧いろいろな種類の仕事を担当できる。	8.4	21.7	40.1	15.3
⑨QCサークルが有益である。	10.2	16.8	16.2	22.7
⑩労使関係が安定している。	24.6	23.0	9.2	21.3

(出典) 筆者調査(2004年2月～2006年9月)。

遇であろう。生産現場の集団的な就労方式は，国ごとにやや評価が分かれるものの概して高い評価は得られていない。

同表の結果を念頭に置きつつ，今期(2004～2007年)調査で実施した各職層へのインタビュー調査の結果も参照して，日本的経営・生産システムの「アジア的適応」問題についての筆者の視点を総括的に指摘すれば，およそ以下のようになろう。

日本企業のアジア展開では，1980年代以降の円高＝輸出競争力の低下を背景に，生産コストの抑制が経営戦略の最重要課題のひとつであり，この点は現在も変わらない。アジア現地生産でコストを抑制すべき生産要素には，地価，原材料，電力費，輸送費なども含まれるが，何より労働コストの低廉化の実現が期待される。それ以外のアジア進出動機としてしばしば指摘される現地販売市場の確保や第三国向け輸出(および日本への逆輸出)基地化も，生産コストの低廉化と一体化してはじめて戦略化できるものである。したがってアジアにおける日本的経営・生産システムもその目的に沿って変容せざるを得ず，当然のことながらその「アジア的適応」が課題となる。その端的な表現が本研究で指摘してきた分節的な内部労働市場の形成であり，限定的能力主義管理である。

分節的内部労働市場に関して言えば，入職前の学歴・技能による分断的雇用を前提としているので，各部門内で日本的な職能資格制度を導入しても，全社的な単一の内部労働市場が形成されることはない。高学歴の間接部門労働者(ホワイトカラー層)に対しては，長期雇用と一定の技能訓練・福利厚生の供与によって管理・技術部門の一翼を担う人材となることを期待する。しかし彼ら高学歴労働者群は，日本的な職場内人間関係や日本人駐在員との行動様式の違い(就業時間外の接待・飲食など)に少なからず当惑する。高度専門職の転職率は高く，必ずしも経営側の期待どおりに人材育成が進展しているわけではない。

　一方，労働者の圧倒的多数を占める生産職労働者(ブルーカラー層)に対しては，低賃金と高い流動性を前提とした雇用形態が基本であり，これによって直接投資効果が実体化する。その一層の徹底化は臨時工・派遣工など短期雇用労働者の拡大である。したがって本来の日本的経営のメリットとされてきた長期雇用や企業内技能形成もこの職層に対しては限定的にしか活かされない。

　前掲表のように，日本的な年功序列型の職場秩序はアジアの労働者から高く評価されていない。集団主義を強調して個人の昇格・昇進が遅く，能力が給与に反映しないことへの不満が少なくない。このことが能力主義的管理の導入の根拠となりうる。しかしそれは，あくまで前述の分節的内部労働市場を前提とした限定的能力主義管理であり，学歴階層性と職位間処遇格差を前提とした各部門内部における能力主義の導入である。その導入の度合は現在のところ専門職労働者ほど高くなる傾向をみせているが，調査企業の中には生産職労働者に拡大される事例もある。雇用の安定と福利厚生を欠いたまま目標管理制度のような成果主義が徹底されれば，労働力の格差と流動性を一層助長する危険性を内包することになろう。

　それが現地社会の労働市場に与えるインパクトは，労働力の格差構造の固定化あるいは一層の拡大である。アジアの大都市圏では都市雑業(インフォーマル・セクター労働)や中小零細企業の不安定就業が依然として分厚く堆積しており，労働力の格差構造自体も重層化している。大規模企業の内

部の労働格差は，下層の労働市場との就業格差を前提とし，それを温存あるいは利用しつつ拡大することにもなりうる。換言すれば，下層の労働市場における全般的な不安定就業(低賃金，短勤続，社会保障の低位性など労働の周辺部化)の促迫ゆえに，上位の労働力群の序列化が可能になるという関係が成立しているのではなかろうか。つまりこれは，アジア労働問題のもうひとつの課題である都市下層労働者(都市労働者の圧倒的多数を占める)の不安定就業問題が容易に解決しえないことを示唆しているとも言えよう。

日本的経営の「アジア的適応」の内実は，日本企業のアジア生産基地化＝生産コスト抑制という本来の目的からして，以上のようなディレンマを伴うことになろう。

III アジア労働格差の諸相

前節では，国際比較の視点から今期(2004～2007年)調査のデータを再整理して示し，その異同に着目するとともに，日系企業の経営・生産システムの「アジア的適応」問題に関しても総括的な論点を提示した。以下では，同じく今期の調査結果に基づいて，各国に特徴的な労働格差の諸相を要約的に提示し，本書のまとめにかえたい。

1 中　国

中国の労働市場は地域差が大きく，その一般化は容易ではないが，共通する特徴のひとつは独特の戸籍制度による労働市場の分断であり，人口の過半を占める農村戸籍者に対する開発地域＝都市労働市場での就労差別である。例えば，いまや開発最前線となっている上海では，国有企業改革とその下崗労働者＝都市戸籍者の再雇用優先の労働政策から，農村戸籍者の就労は制約されている。「改革・開放」以前のような農村・都市間の厳格な居住分断は徐々に緩和されているが，それでも地方からの出稼ぎ者は都市雑業に従事するか，あるいは民間企業で採用されても短期雇用の生産職が大半であり，長期雇用・昇進＝昇給・福利厚生などで優遇される間接部門に参入することは

難しい。外資系企業に割り当てられる企業推薦によって，戸籍転換が認められる人材は例外的である。

　同じ中国でも広東省のように，「改革・開放」の当初から香港企業(香港進出の外資系企業を含む)の生産拠点と位置づけられた経緯から，労働力を専ら内陸農村部からの大量調達に依存した地域では，当地への労働力移動は比較的容易であった。しかし，需要する労働力は主に量産工程に配置される若年女性であり，短期雇用・単純労働・低賃金の雇用を特徴とし，農村戸籍者は都市社会保障の対象外であるから，長期滞在は望むべくもなかった。都市戸籍者は，企業内の間接部門を中心にその学歴や技能水準によって競争的な昇進＝昇給システムに組み込まれるが，農村戸籍者の都市就労は，経済外的な中国に固有の戸籍制度によって強く制約されている。このような中国側の制度要因を前提に，日系企業が開発地域に進出するとき，経営戦略の要である生産のコスト削減と効率化は，現地側の事情に適応して労働市場を重層化・分節化しつつ実現することになる。

2　インド

　インドで調査対象としたデリー首都圏の日系企業労働市場では，分節的内部労働市場，限定的能力主義管理，労働力の供給源や流動性などで他のアジア諸国と共通する特徴も看取された。同時に，非正規雇用の拡大などではインド的な要素も重要であり，何よりもインド独自の制度要因として注目したのは，労働市場とカースト身分制度との関係であった。同国の労働市場は，長期の歴史過程で形成されてきたカースト分業によっていまもなお制約されているからである。

　周知のように人々の職業と生活を厳しく律してきたカースト身分制度は，地方の農村ほど根強く残存しており，都市とりわけ首都圏のような大都市では相当に弛緩していると言われている。とくに高学歴者・専門職労働者が参入する上位労働市場は，伝統的な身分制度とは無縁であるかのようにみられがちである。しかし，デリー首都圏の調査企業でも，企業内の労働力編成とカースト身分制は無関係ではなかった。間接部門の高学歴者はそのほとんど

が上位カーストによって占められており，これは資産家・上層世帯出身の上位カーストほど高学歴を身につける機会が多く，結果的に専門職の労働者群を形成しているとも考えられるが，問題はそれだけではない。経営者・管理職層は，出身カーストの身分を配慮して職務配置をせざるを得ず，カースト身分の上下関係と上司・部下の職位関係の逆転が生じないような配慮すら考えられている。調査企業では，工場内での重筋的な労働や清掃等の雑役は下位カーストの出身者に限られており，かかる職務を上位カーストの出身者が担うことなど論外とする，いわば暗黙の了解ができあがっている。社会慣行は，法律以上に人々の生活を律する機能を果たすこともある。外資系企業の職種は，伝統的なカーストの職掌とは無縁のはずであるが，大都市の外資系企業においてすら，労働者はカーストによる一定の就労制約を受けている。いわんや伝統的なカースト分業が根強く残る農村部や都市の下位労働市場においては，下層世帯出身者ほど職業選択の自由が著しく制約されていることは想像に難くない。

3　タ　イ

　バンコク首都圏の日系企業における労働市場の特徴に関して，本書では近隣の東南アジア諸国のそれとの国際比較に留意しつつ検討してみた。タイはいまもなお自動車産業を中心に日系企業の集積拠点のひとつであり，同国労働市場の形成に及ぼすインパクトも大きい。同時に，日系企業の労働市場を検証する格好の素材でもあるが，それはバンコク(首都圏)への都市化の一極集中と広範囲の農村部の存在という，同国の戦後開発史に起因する全国的就業構造の特質に強く制約されることになっている。

　要点のみ指摘すれば，労働力の需要面では，入職前の学歴・技能達成度を基準とした労働力配置と分節的な内部労働市場の形成，入職後は人事考課によって各部門内での限定的能力主義管理，高度専門職に関しては外部労働市場との補完的連結，短勤続の非正規・派遣工による需要調整の拡大などが特徴的であり，これらの諸点の中には他の東南アジア諸国や中国の日系企業との共通点も多い。供給面では，地方・農村部から大量流入する生産職労働者

と主に都市部出身の事務・技術・管理職労働者，全職層にわたる地縁・血縁の縁故関係に基づく求職，これまた全職層に及ぶ流動性の高さと地方出身者も含めた首都圏労働市場での流動化などが特徴的であった。したがってタイでは，企業内労働市場における労働格差も同国の戦後開発史の中で形成された全国的就業構造の特質に結びついて展開していると考えられる。日系企業の生産職労働者は農村出身者でも比較的上層世帯から析出されているが，農村下層世帯出身者の向都労働力移動では，おそらくその多数が都市雑業や中小零細企業へ流入するものとみられる。バンコク首都圏の重層的労働市場には，給源を異にする労働者群がその学歴・技能などの異なる質の労働力ゆえに異なる労働市場に参入して，労働の格差構造が顕現しているのである。

4 マレーシア

マレーシアのクアラルンプル首都圏の調査(2006年)では，前回調査(2000年)と同一企業の追跡調査を実施し，企業内労働者構成の変化に注目した。また同国の労働市場の重層性については，その多民族国家ゆえの民族間の労働格差，とりわけ中国系マレーシア人とマレー系マレーシア人，それに大挙して流入する外国人労働者との労働格差に着目すべきことが前著からも明らかとなっている。マレーシアは，アジア域内における国際労働市場のセンターのひとつ(他には，シンガポール，香港など)でもある。

今回の日系企業調査からは，21世紀に入ってますます，企業の底辺に位置する臨時工・契約工・派遣工などの，低賃金・短勤続・福利厚生欠如を特徴とする不安定就業階層の急増が顕著であった。しかもその過半はアジア域内の近隣諸国から流入する外国人労働者であり，この国では底辺労働の外国人による代替が極端な労働格差を伴って進展している。換言すれば，国内3民族間の労働格差以上に，いまや同国を中核とする国際労働市場においては，マレーシア人と外国人労働者の格差構造に注目すべきである。マレーシアの分析を通して現代アジアの労働市場をみれば，その重層化・多元化は，国際化した多様な労働格差をも伴って展開していると言えよう。

5 インドネシア

　今回調査したジャカルタ首都圏の日系企業と都市雑業の事例によれば，首都圏労働市場における労働格差は，上位労働市場の内部においても，また下位との市場間においても多層化して形成されている。日系企業では，分節的内部労働市場に規定された企業内労働格差が拡大しており，それは同一企業の追跡調査によっても確認できた。また都市の分厚い底辺労働市場である都市雑業の労働実態をみれば，そこには依然として不安定就業(不熟練・単純労働，技能向上の欠如，各種社会保障の欠如)が構造化され，上位市場(とりわけ正規労働者の市場)との労働格差が顕著であった。この点についても同一職種の追跡調査のデータを提示した。

　今回のインドネシア調査では，日系企業内部の労働格差とともに，比較の対象として首都圏の都市雑業の就労実態についても検討したが，その他に筆者が十数年前に実施した現地資本の中小零細企業の労働市場の事例(宮本：2001)をみると，労働者の多数が地方出身の低学歴・低技能者であり，地縁・血縁の縁故に依存して就労していた。町工場などの小規模零細企業ほど，かかる特徴が一層顕著であった。家族経営が一般的で，昇進＝昇給のルールも明確ではなく，不規則労働と低賃金を共通の特徴としており，経営者(およびその家族)以外はこの国の不安定就業の一構成部分とみられた。上位労働市場の正規職労働者と比較すれば，明らかに就労の不安定性が明瞭であり，都市雑業と異なる点はせいぜい一定期間の就労保証や住居保証(職場内で集団的に宿泊)に止まっていた。このように労働の格差構造は，同国の重層化した労働市場において，各市場の内部および市場間で多元化して顕在化していると考えられる。

おわりに

　現代アジアのリージョナリズムは，域内の多元的な FTA・EPA 網によって関税・貿易等の障壁を越えてより広域化しようとしているが，労働市場の側面でも，日本を筆頭とする先進国企業やアジア NIEs 企業が域内国際分業

の展開を牽引し，これまた多元的な位相をみせている。そこでは経営の国際分業・合理化と同時に，コスト節減とりわけ労働コストの削減が依然として最優先課題のひとつであり，これを実現する経営・生産の「アジア的適応」は，一面では実にアジア的な制度要因に依拠しつつ，他面では経済発展の内実が異なる諸地域・諸国家を域内国際分業に包摂して，地域間・国家間の労働力移動を利用しつつ展開する。この両側面が相互に規定しあって，アジア的な労働市場の現局面が形成される。アジア労働市場の重層化は多元的であり，企業内・地域内ばかりでなく，国際的にもその実相は多様であるが，あえて共通点を指摘すれば，一方で高学歴の専門職労働者の需要ゆえに彼らが参入する限定的で流動的な市場が形成され，他方では短勤続で技能形成の展望を欠いた労働者群が分厚い底辺労働を形成するというところにある。かかる極端な労働格差は，当該社会総体としても労働技能の蓄積を脆弱で跛行的なものにする危険性を常に内包していると言わざるを得ない。

参 考 文 献

伊藤正一[2002],「上海市の労働問題」(植田政孝・古澤賢治編『アジアの大都市[5]北京・上海』日本評論社)。
伊藤正二・編[1988],『インドの工業化―岐路に立つハイコスト経済』アジア経済研究所。
植木真理子[2002],『経営技術の国際移転と人材育成―日タイ合弁自動車企業の実証分析』文眞堂。
大島一二・編[2001],『中国進出企業の出稼ぎ労働者』芦書房。
大野昭彦[1992・1993],「在タイ日系企業における労務管理組織と従業員の組織適応(Ⅰ)(Ⅱ)」(『アジア経済』第33巻第12号,第34巻第1号)。
押川文子・編[1990],『インドの社会経済発展とカースト』アジア経済研究所。
木曽順子[2003],『インド,開発のなかの労働者』日本評論社。
清川雪彦[2003],『アジアにおける近代的工業労働の形成』岩波書店。
古賀正則[1998],「転機に立つインド経済」(古賀正則・他編『現代インドの展望』岩波書店)。
末廣昭[1997],「タイにおける労働市場と人事労務管理の変容」(『社会科学研究』第48巻第6号)。
関満博[1995],『中国長江下流域の発展戦略』新評論。
関満博[1997],『上海の産業発展と日本企業』新評論。
関満博[2002],『世界の工場/中国華南と日本企業』新評論。
田坂敏雄・編[1989]『東南アジアの開発と労働者形成』勁草書房。
田坂敏雄[1991],『タイ農民層分解の研究』御茶の水書房。
丁水木[1996],「上海都市部における戸籍家族と生活家族」(青井和夫・編『中国の産業化と地域生活』東京大学出版会)。
鳥居泰彦・積田和[1981],「経済発展とインフォーマル・セクターの膨張」(『三田学会雑誌』第74巻第5号)。
日本労働研究機構[1998],『インドの人的資源管理』日本労働研究機構。
バラスブラマニヤム,V. N.(古賀正則・監訳)[1988],『インド経済概論』東京大学出版会。
前田比呂子[1996],「中国における戸籍移転政策」(『アジア経済』第37巻第5号)。
松薗祐子[1998],「就業構造と住民生活」(田坂敏雄・編『アジアの大都市[1]バンコク』日本評論社)。
丸川知雄[2002],『労働市場の地殻変動』(シリーズ現代中国経済3)名古屋大学出版会。
丸山伸郎[1993],『長江流域の経済発展』アジア経済研究所。
南亮進・牧野文夫・編[1999],『大国への試練』日本評論社。
宮本謙介[1999],「ジャカルタ首都圏研究の動向と課題」(宮本謙介・他編『アジアの大都

市[2]ジャカルタ』日本評論社)。
宮本謙介[2001],『開発と労働』日本評論社.
宮本謙介[2002],『アジア開発最前線の労働市場』北海道大学図書刊行会.
宮本謙介[2004],「インド日系企業の労働市場―デリー首都圏の事例分析」(『経済学研究』[北海道大学],第54巻第3号).
宮本謙介[2005a],「上海市の日系企業と労働市場―再訪SB社の事例分析」(『経済学研究』[北海道大学],第55巻第1号).
宮本謙介[2005b],「タイ日系企業の労働市場―バンコク首都圏の事例分析」(『経済学研究』[北海道大学],第55巻第3号).
宮本謙介[2006],「中国・広東省の労働市場と日系企業―東莞市の事例分析」(『経済学研究』[北海道大学],第56巻第1号).
宮本謙介[2007a],「上海・浦東新区の日系企業と労働市場―SA社の事例分析」(『経済学研究』[北海道大学],第56巻第4号).
宮本謙介[2007b],「マレーシアの日系企業と労働市場―クアラルンプル首都圏の事例分析」(『経済学研究』[北海道大学],第57巻第1号).
宮本謙介[2008],「インドネシアの労働格差―首都圏の日系企業と都市雑業の事例分析」(『経済学研究』[北海道大学],第58巻第1号).
宮本謙介[2009],「インドネシア華人企業の労働市場―ボゴール県の事例分析」(『経済学研究』[北海道大学],第59巻第1号[掲載予定]).
厳善平[1997],「中国の地域間労働移動」(『アジア経済』第38巻第7号).
厳善平・左学金・帳鶴年[1999],「上海市における出稼ぎ労働者の就業と賃金」(『アジア経済』第40巻第2号).
山際素男[2003],『不可触民と現代インド』光文社新書.
山崎恭平[1997],『インド経済入門―動き出した最後の巨大市場』日本評論社.
山本郁郎[1999],「人口動態と就業構造の変動」(宮本謙介・他編『アジアの大都市[2]ジャカルタ』日本評論社).

統計資料(章別)

序 論
　東洋経済新報社[2000][2007],『海外進出企業総覧』2000年版,2007年版.
　日本労働研究機構[1998],『国際労働比較』1999年版.
　労働政策研究・研修機構[1999][2007],『国際労働比較』1999年版,2007年版.

第1章・第2章(中国)
　国家統計局編[2003],『中国労働統計年鑑2003』中国統計出版社.
　国家統計局編[2004],『中国統計年鑑2004』中国統計出版社.
　広東市統計局編[2003],『広東統計年鑑2003』中国統計出版社.

東莞統計局編[2003]，『東莞統計年鑑』中国統計出版社。
上海市統計局編[2003]，『上海統計年鑑2003』中国統計出版社。
上海市浦東新区統計局編[2003]，『浦東新区統計年鑑2003』中国統計出版社。
21世紀中国総研編[2005]，『中国進出企業一覧』蒼蒼社。

第3章(インド)

Government of India, Ministry of Labour, Labour Bureau [2001], *Indian Labour Statistics 1998-1999*.

Government of India, Ministry of Finance, Economic Division [2001], *Economic Survey 2000-2001*.

Government of India, Central Statistical Organisation, Ministry of Statistics and Programme Implementation [2002], *Statistica Abstract India 2001*.

Government of India, Ministry of Labour [2003], *Pocket Book of Labour Statistics 2001 & 2002*.

Government of India, Ministry of Commerce and Industry [2003], *Special Economic Zones*.

第4章(タイ)

Ministry of Information and Communication Technology [2002], *Statistical Yearbook Thailand 2002*.

Ministry of Labour [2002], *Year Book of Labour Protection and Welfare Statistics 2002*.

Biro Pusat Statistik [2003], *Keadaan Angkatan Kerja di Indonesia 2003*.

National Statistical Coordination Board [2001], *2001 Philippine Statistical Yearbook*.

Percetakan Nasional Malaysia Berhad [1996], *Seventh Malaysian Plan 1996-2000*.

Ministry of Manpower [2001], *Singapore Yearbook of Manpower Statistics 2001*.

第5章(マレーシア)

Percetakan Nasional Malaysia Berhad [2001], *Eighth Malaysia Plan 2001-2005*.

Department of Statistics, Malaysia [2004a], *Yearbook of Statistics 2004*.

Department of Statistics, Malaysia [2004b], *Laporan Penyiasatan Tenaga Buruh*.

Ministry of Finance, Malaysia [2004], *Economic Report 2004/2005*.

ジェトロ・クアラルンプル[2005]，『数字でみるマレーシア経済』。

第6章(インドネシア)

Biro Pusat Statistik
 BPS [1989], *Keadaan Angkatan Kerja di Indonesia 1989*.

BPS [1995], *Keadaan Angkatan Kerja di Indonesia 1995*.

BPS [2000], *Penduduk Jakarta, 2000, Penduduk Jawa Barat, 2000, Penduduk Banten, 2000,*

BPS [2003], *Keadaan Angkatan Kerja di Indonesia 2003*.

JETRO-Jakarta Center [2005], 「インドネシアの自動車・二輪車産業」。

JETRO-Jakarta Center [2006], *Directory of Japanese Companies and Representation Office in Indonesia 2005.*

Biro Perencanaan dan Informasi (BPDI) [2005], *Perkembangan Penanaman Modal 2005.*

索　引

【あ行】

ITI（職業訓練校）　66
アジア経済危機　68, 152, 164
アジア国際分業　3
アジア NIEs 企業　136
アジア NIEs 諸国　3, 18
イスラム教徒　78
委託加工　33
委託加工契約　20
委託加工生産　10
EPA　175
インフォーマル・セクター　60, 84, 150, 170
ウエルグロウ工業団地　93
請負労働　48
ウッタル・プラデシュ州　63, 74
FTA　59, 175
MSC（マルチメディア・スーパー・コリダー）　110
縁故採用　31
OJT　21, 33, 50, 104, 127, 139
オジェック　150

【か行】

改革・開放　10, 38
下位カースト　70
外国人労働者　35, 89, 110, 118, 174
外国直接投資　59
外島　157
街道　43
外部労働市場　173
カキリマ　150
学歴階層性　90, 170
加工費　12
下崗労働者　16, 26, 38, 47, 171
家事メイド　114
華人企業　16
華人財閥系企業　93
華人商人　159
カースト　69
カースト身分制　56, 172
カラワン県　138
広東型委託加工　10
還流型労働力移動　34
技術移転　52, 148
技能形成　30, 52, 95, 127, 156, 165, 176
技能研修制度　51
QC サークル　32, 50, 71, 104, 147
求人情報源　124
金橋出口加工区　40
クアラルンプル首都圏　110, 174
グルガオン工業団地　63
経営の現地化　148
経済自由化　57
経済特区　10
経済ナショナリズム　57
KTP（Kartu Tanda Penduduk）　133, 152
契約工　140, 166
契約労働制　44
現地一貫生産　11
限定的能力主義　46, 71, 149, 169, 172, 173
高学歴世帯の再生産　145
高学歴労働者　67
江西省　19
広西チワン族自治区　19
江蘇省　39
郷鎮企業　13
向都移動　152
高度サービス産業　112
高度専門職労働者　115
5S 運動　71
国際労働市場　128, 174
国民会議派　58
国有企業　16, 26
国有企業改革　171
個人主義的労働観　53

戸籍人口　　16
戸籍制度　　171
戸籍転換　　28, 47, 172
湖南省　　19
湖北省　　19
コントラクター　　120, 123

【さ行】

最低賃金　　24, 95, 123, 154, 166
雑業的労働市場　　150
雑業的労働者　　60
サムットプラーカーン県　　92
産業高度化　　4
三資企業　　13
暫住証　　12, 27, 39
暫住人口　　17
シク教徒　　78
四川省　　19
実習生　　66
自動車産業　　86
シャー・アラム工業団地　　117
ジャカルタ首都圏　　98, 175
若年女性　　5
若年女性労働者　　34
ジャボタベック　　132
ジャワ　　98, 157
終身雇用　　44, 71
集団主義　　33, 71
就労格差　　2
熟練工　　143
珠江デルタ　　10, 34, 38
珠江デルタ経済圏　　10
首都圏労働市場　　74, 152
上位カースト　　70
上位労働市場　　73, 145, 175
小集団活動　　71
職業選択の自由　　31, 100, 124
職長　　66, 96
職能資格制度　　140, 170
女性労働力　　5
シンガポール　　34
新国際分業　　3
人材市場　　31
人事考課　　21, 44, 68, 95, 105, 122, 139, 143, 165

深圳市　　10
新中間層　　88, 110, 134
人的資源管理　　56
人的ネットワーク　　26, 100, 160
人頭税　　12
進料加工　　11
スハルト軍事政権　　135
スランゴール　　117
成果主義　　170
正規生産職　　21, 44, 94, 139
生産職労働者　　21, 68, 98, 118, 127, 144, 170
成長の三角地帯　　34
性別分業　　21
浙江省　　39
専門職労働者　　5, 129
組織部門　　61
外高橋保税区　　40

【た行】

大競争時代　　135
タイ投資委員会　　85
台湾　　18
多能工　　32, 50, 71, 127, 147
短勤続　　31, 46, 67, 95, 118, 120, 127, 141, 173, 176
タンゲラン県　　138
地縁・血縁の縁故関係　　75, 99, 158
チャチューンサオ県　　93
中小零細企業　　74, 161, 170, 175
長安鎮　　19
長江経済圏　　11
長江デルタ　　10, 38
直接投資　　135
賃金格差　　23, 97, 123, 142
THR（Tunjangan Hari Raya）　　143
TPM（総合生産保全）　　50
底辺労働市場　　150, 161
出稼ぎ労働者　　10, 21, 88
電機・電子産業　　87
転廠　　12
転職経験　　28, 125
転職経験者　　76, 101, 145, 160
転職率　　69, 101, 170
独資　　13, 34
都市戸籍　　16, 27, 46

索　引　183

都市戸籍者　39, 171
都市雑業　60, 74, 88, 150, 161, 170, 175
都市雑業層　5
都市労働市場　56

【な行】

NAIC 型経済成長　87
内部労働市場　20, 46, 52, 56, 67, 95, 118, 142, 170, 173
日系企業　2, 62, 85, 117, 164
日系企業のアジアシフト　6
ニッチ市場　136
日本的経営・生産システム　31, 35, 50, 56, 71, 126
日本的経営・生産システムの「アジア的適応」　2, 36, 53, 147, 169
二輪車産業　136
年功制　33, 52
年功的職場秩序　51, 71
年俸制　141
ノイダ工業団地　63
農村戸籍　16, 27, 34, 46
農村戸籍者　171
農村雑業層　158
農村の都市化　152
農村労働市場　84
能力主義　68, 142, 170
能力・成果主義　123

【は行】

派遣工　94, 118, 127, 139, 166
派遣労働者　94, 116, 120
バジャイ　150
バタム島　34
ハリヤナ州　63, 74
バワル工業団地　64
バンギ工業団地　117
バンコク首都圏　88, 173
パンジャーブ地方　74
バンプー工業団地　92
ビジョン 2020　110
非正規雇用　144, 149, 164
非正規生産職　165
非正規労働者　94, 118, 164
ヒンドゥー成長率　58

不安定就業　160, 175
不安定就業階層　128, 150, 166, 174
不安定就業者　60
ブカシ県　138
福利厚生　19, 27, 51, 67, 94, 122, 127, 141, 168
不熟練・単純労働　154, 160
不法就労者　114
ブミプトラ政策　110
プラザ合意　3
プリブミ　159
分区　43
分節的内部労働市場　46, 79, 149, 165, 172, 175
プンバントゥ　150
ベチャ　150
ヘッド・ハンティング　77
ペンケル　159
包括的経済協力枠組み協定　59
ボゴール県　138
保税区　41
ボタベック　133
浦東新区　38
香港　10, 40

【ま行】

松江工業区　49
マハラノビス・モデル　57
緑の革命　84
南アジア自由貿易地域　60
南アジア地域協力連合　60
目標管理制度　140
モノカルチュア経済　110

【や行】

輸出加工区　41
輸出志向型開発戦略　3
輸入代替型工業化　57
ユーロ投資　59
養老年金　19

【ら行】

来料加工　11
ラーオ政権　58
離職率　30, 48, 76
流動人口　16

臨時工　21, 45, 66, 118, 127, 166
労働格差　3, 53, 129, 143, 156, 161, 164
労働組合　67
労働契約　19
労働コストの低廉化　169
労働市場の重層化　162
労働市場の重層性　128
労働者意識調査　31, 103, 147
労働者世帯の再生産　72, 99
労働集約産業　87
労働力過剰国　77
労働力の女性化　60
労働力の流動性　124, 145, 168

宮本　謙介(みやもと　けんすけ)

1949年　兵庫県神戸市生まれ
1981年　一橋大学大学院社会学研究科博士課程修了
1987年　北海道大学経済学部・助教授
1991年　インドネシア科学院・客員研究員
1992年　社会学博士(一橋大学)
現　在　北海道大学大学院経済学研究科・教授

主要著書
『東南アジアの開発と労働者形成』(共著)勁草書房，1989年。
『世界経済史入門―欧米とアジア』(編著)ミネルヴァ書房，1992年。
『インドネシア経済史研究―植民地社会の成立と構造』ミネルヴァ書房，1993年。
『アジアの大都市［2］ジャカルタ』(編著)日本評論社，1999年。
『開発と労働―スハルト体制期のインドネシア』日本評論社，2001年。
『アジア開発最前線の労働市場』北海道大学図書刊行会，2002年。
『概説インドネシア経済史』有斐閣，2003年。

アジア日系企業と労働格差
2009年4月25日　第1刷発行
2013年3月25日　第4刷発行

　　　　著　者　　宮　本　謙　介
　　　　発行者　　櫻　井　義　秀

発行所　北海道大学出版会
札幌市北区北9条西8丁目 北海道大学構内(〒060-0809)
Tel. 011(747)2308・Fax. 011(736)8605・http://www.hup.gr.jp

アイワード／石田製本　　　　　　　　　Ⓒ 2009　宮本謙介

ISBN978-4-8329-6711-3

書名	著者	体裁・価格
アジア開発最前線の労働市場	宮本謙介 著	A5・330頁 定価6000円
アメリカ銀行恐慌と預金者保護政策 ―1930年代における商業銀行の再編―	小林真之 著	A5・418頁 定価5600円
ドイツ・ユニバーサルバンキングの展開	大矢繁夫 著	A5・270頁 定価4700円
ドイツ証券市場史 ―取引所の地域特性と統合過程―	山口博教 著	A5・328頁 定価6300円
政府系中小企業金融機関の創成 ―日・英・米・独の比較研究―	三好 元 著	A5・246頁 定価3800円
西欧近代と農村工業	メンデルス ブラウン 外著 篠塚・石坂・安元 編訳	A5・426頁 定価7000円
地域工業化の比較史的研究	篠塚信義 石坂昭雄 高橋秀行 編著	A5・434頁 定価7000円
北樺太石油コンセッション 1925-1944	村上 隆 著	A5・458頁 定価8500円
石油・ガスとロシア経済	田畑伸一郎 編著	A5・308頁 定価2800円

〈価格は消費税を含まず〉

北海道大学出版会